ro
ro
ro

Ella Carina Werner, geb. 1979, war Redakteurin des Satiremagazins TITANIC, inzwischen ist sie dort Mitherausgeberin und schreibt die monatliche Kolumne «Rosen in Beton». Nebenher veröffentlicht sie Satiren u. a. in der *taz*, dem *Missy Magazine* oder der *Frankfurter Rundschau*. Außerdem ist sie Mitglied der Lesebühne «Dem Pöbel zur Freude» im Centralkomitee in Hamburg. 2020 erschien ihr gefeierter Geschichtenband «Der Untergang des Abendkleides», über den *Spiegel Online* schrieb: «Wie Kafka nach einem guten Joint».

Ella Carina Werner

MAN KANN AUCH OHNE KINDER KEINE KARRIERE MACHEN

Geschichten aus meinem Leben

Rowohlt Taschenbuch Verlag

Danke an die Stadt Hamburg für das
«Zukunftsstipendium für Literatur»
sowie an das Cartoonisten-Duo Hauck & Bauer,
das die Autorin zu diesem Titel inspiriert hat.

Originalausgabe
Veröffentlicht im Rowohlt Taschenbuch Verlag,
Hamburg, Juni 2023

Covergestaltung zero-media.net, München
Coverabbildung Katharina Schmidt Kwittiseeds
Satz aus der Thesis
Druck und Bindung GGP Media GmbH, Pößneck
ISBN 978-3-499-00987-7

Die Rowohlt Verlage haben sich zu einer nachhaltigen Buchproduktion verpflichtet. Gemeinsam mit unseren Partnern und Lieferanten setzen wir uns für eine klimaneutrale Buchproduktion ein, die den Erwerb von Klimazertifikaten zur Kompensation des CO_2-Ausstoßes einschließt.
www.klimaneutralerverlag.de

FSC
www.fsc.org
MIX
Papier aus verantwortungsvollen Quellen
FSC® C014496

Inhalt

Für Marie Marcks,
in Verehrung

Ich bin gerne eine Frau

Ich bin gerne eine Frau. Als Frau kann ich Sachen machen, die ich sonst nicht machen könnte. Zum Beispiel in Frauensaunas gehen. Zum Beispiel auf Frauenparkplätzen stehen, stundenlang, auch ohne Auto.

Als Frau kann ich immer und überall in Tränen ausbrechen, etwa bei der Frage, wer den Müll rausbringt. Ich darf, nein muss mich von Hausarbeit wie Staubsaugen und Kloputzen fernhalten, um nicht in jahrtausendealte Geschlechterstereotype zurückzufallen. «Sorry, geht jetzt nicht», sage ich zu meinem Mann. «Frag mich in zweihundert Jahren noch mal.»

Als Frau wächst andauernd etwas in mir heran und wird immer größer. Und noch größer und riesengroß, zum Beispiel der Bock auf Sex.

Als Frau hat niemand, aber wirklich niemand vor mir Angst. Ich kann mit dunkler Sonnenbrille und Trenchcoat an einem Spielplatz entlangpromenieren, «Kindärr! Leckärr!» krakeelen, und niemand ruft die Polizei.

Als Frau kann ich schlüpfrige Witze erzählen. Die dümmsten und schmierigsten, zum Beispiel diesen einen mit der sprechenden Banane und der Nonne, und die Leute rollen nur ein bisschen mit den Augen. Schon okay, denken die Leute, jede gesellschaftliche Gruppe darf mal ein paar Jahrhunderte neben der Spur sein.

Ich kann mich mit Annalena Baerbock identifizieren. Ich kann mich mit Michelle Obama identifizieren. Ich kann mich mit Pippi Langstrumpf, der Loreley und sämtlichen Bond-Girls identifizieren, vor allem den bösen, die auch nie was im Haushalt machen, die auch nie den Müll rausbringen. Mit James Bond kann ich mich nicht identifizieren, den gibt's doch nicht in echt.

Ich bin sanftmütig. Ich bin sozialkompetent. Scheiß die Wand an, bin ich sozialkompetent – so sehr, dass ich mich in jeden hineinfühlen kann. Ich kann mich in König Charles III. hineinfühlen. Ich kann mich in Gott hineinfühlen. Ich kann mich in Friedrich Merz hineinfühlen, ganz tief, bis in die hintersten Windungen seines Hirns. Bisschen gruselig ist das, sich stundenlang in Friedrich Merz hineinzufühlen, durch seine Gedankengänge zu irren wie durch eines dieser schlecht besuchten Mais-Labyrinthe im strukturschwachen Hinterland, und es wird langsam dunkel.

Als Frau bin ich an vielen historischen Verbrechen gar nicht groß schuld. Am Kolonialismus bin ich nicht groß schuld. An der Abholzung europäischer Urwälder bin ich nicht groß schuld. Am Aufstieg der NSDAP bin ich, okay, durchaus auch ganz ordentlich schuld. Am Aufstieg des Christentums aber nicht!

Den Untergang der Titanic hätte ich vermutlich im Rettungsboot überlebt. Den Ersten Weltkrieg hätte ich vermutlich auch überlebt.

Nur in Asien wäre ich vielleicht niemals geboren worden.

Unwahrscheinlich, dass ich irgendwann mal Amok laufe. Unwahrscheinlich, dass ich mal an die Front muss, mit fünfzig glatzköpfig werde oder eine cholerische Dax-Vorstandsvorsitzende mit narzisstischer Persönlichkeitsstörung. Allenfalls eine cholerische Narzisstin im mittleren Management wäre realistisch.

Als Frau bin ich immer und überall Teil einer unterdrückten Minderheit. Als Frau habe ich jede Menge interessante Diskriminierungserfahrungen, auch wenn ich ansonsten weiß und privilegiert bin. Als Frau bin ich immer Opfer des jahrtausendealten Patriarchats, selbst wenn ich lediglich meine EC-Karte im Supermarkt liegen gelassen habe oder die S-Bahn verpasst.

Als Frau bin ich ein Mensch mit faszinierenden Geschichten. Die irrsten Anekdoten kann ich erzählen, wann immer meine künftigen Enkelkinder mich umringen: «Oma, erzähl noch mal von deiner Oma, die nicht Fahrrad mit Stange fahren durfte, weil das sexgeil macht», und von allen schlimmen Frauenkrankheiten wie Hysterie und Nymphomanie.

Ich habe ein Frauenherz. Ich habe Frauenhände. Ich habe einen Frauenkörper. Gott, ist der klein und zerbrechlich, man mag ihn kaum antippen. So klein, dass ich damit überall hineinklettern kann, auch an schwer erreichbare Orte: Diamantenhöhlen, Minikühlschränke in Hotels oder das Kaninchenloch im Wunderland.

Ich kann aufs Damenklo der Hamburger Staatsoper gehen. Herrlich horizonterweiternd ist es dort. Mit fünfzig, sechzig Frauen hocken wir gemütlich im Vorraum der drei Damentoiletten nach der «Carmen»-Premiere: illegales Glücksspiel, Koks, inspirierende Gespräche über Metaphysik und die großen Fragen der Vereinbarkeit, vor allem die von Stilettos und Socken.

Als Frau habe ich in den letzten Jahrzehnten unglaublich viel errungen. Ich stehe auf den Schultern anderer Frauen. Eine supersolidarische, fernsehturmhohe Pyramide sind wir, und alle sind da: Angela Merkel ist da, und Kamala Harris ist da, Miss Marple und Mutter Courage, und – nice to meet you again! – Queen Elisabeth II. ist auch wieder da, ferner Helen Mirren und Beyoncé, außer Alice Weidel und Giorgia Meloni, die sind irgendwo anders.

Mir geht es gut. Ich habe das Wahlrecht. Ich kann Auto fahren. Ich kann Hosen tragen – so super, dieses Hosentragen – und mich in einer Hose aufs Fahrrad schwingen, zu meiner Arbeitsstelle, ohne Unterschriftenzettel meines Mannes. Ich kann ins Kino gehen. Ich kann fliegen. Ich kann mich in die Erde graben, durch den glühend heißen Erdkern hindurch und am anderen Ende wieder heraus. Ich kann die Erderwärmung rückgängig machen. Mache ich aber nicht. Ist ja nicht meine Erderwärmung. War ich Kohlekraftwerksbetreiberin oder ihr? Ich kann nicht immer den Karren aus dem Dreck ziehen wie Christine Lagarde oder Andrea Nahles.

Ich kann zaubern. Ich kann Brunnen vergiften, nach Mitternacht als Katze herumschleichen und mit dem Teufel parlieren, auf Augenhöhe, zum Beispiel über den Katholizismus oder James Bond.

«Roger Moore war aber schon der beste Bond aller Zeiten», fachsimpelt der Teufel. «Und sage mal, kennst du schon den Witz mit der sprechenden Banane und der Nonne, uahahaha?»

Ich kann in die «Frauen Union» eintreten, also könnte. Ich kann mit Tieren sprechen. Ich kann einen Orgasmus haben, ohne dass es irgendwer von außen sieht. Sieht echt keiner. Zum Beispiel gerade jetzt. Und jetzt noch einen. Multipel nennt man das. Dafür muss ich mir gar nichts Erotisches vorstellen. Dafür denke ich einfach noch mal an mein Wahlrecht und schwimme in Endorphinen vor Glück.

So super, dieses Frausein. Aber mehr fällt mir jetzt nicht ein.

Ach doch, eine Sache. Als Frau kann man länger leben, also statistisch, wenn man es geschickt anstellt. Hundert, hundertzehn Jahre kann man da heute werden, wenn man viele Hülsenfrüchte, Obst und frische Sprossen isst, keinen Alkohol trinkt und nicht raucht. Also ich leider nicht. Aber anderen Frauen würde ich das von Herzen gönnen.

Beim Therapeuten

Herrlich, diese weichen Kippsessel. Wie tief man darin versinkt. Ich hänge da, den Kopf an das schwarze Leder geschmiegt, und die Sätze schwallen nur so aus mir heraus. Im Schein der hypnotischen Salzkristalllampe referiere ich meine neuerliche Angst vor dem Älterwerden. Anschließend streife ich meine Schlafprobleme und benenne alle meine Ticks in alphabetischer Reihenfolge.

Mein vollbärtiges Gegenüber, im nachtblauen Seidenhemd, die Beine im gegenüberliegenden Kippsessel übereinandergeschlagen, nickt.

«Und dann immer dieser Druck, allen Anforderungen gerecht zu werden», offenbare ich. «Alles unter einen Hut zu kriegen. Familie, Körperpflege, Karriere ... na, wenn es wenigstens eine richtige Karriere wäre! Und immer wollen alle irgendwas von mir, also außer mein Mann. Vor allem die Kinder. Gott, sind das inzwischen viele, ich mag gar nicht nachzählen. Und dann ...»

Ich betrachte die abwesenden Augen meines Gesprächspartners. «Ähm, Papa?»

«Ja?», sagt mein Vater und blinzelt durch seine Brillengläser.

«Was spielst du denn da eigentlich mit den Puppen herum?», erkundige ich mich. «Langweile ich dich?»

Mein Vater zuckt zusammen, lässt die Therapiepuppen Lutz und Linda blitzschnell unter der Tischplatte verschwinden. Mein Vater arbeitet als Psychotherapeut, seit 42 Jahren. Das hier ist seine Praxis.

«Nein, nein», sagt er rasch, «erzähl mir ruhig alles. Alles

ist wichtig. Alles muss raus, genau wie beim Restpostenmarkt. Obwohl du das mit dem Erwartungsdruck», erinnert er sich,

«auch schon letzten Sonntag beim Kaffee erzählt hast. Und am vorletzten ... Egal, red einfach weiter, ich bin ganz Ohr!»

«Na gut.»

Ich lasse mich zurück in den Therapiesessel sacken, so tief, dass ich niemals mehr hinauswill. Ich rede weiter, immer weiter. Minutenlang berichte ich von meiner Furcht vor literarischer Bedeutungslosigkeit und mache einen Exkurs zum Thema Nutella-Brote nach Mitternacht. Mein Vater nickt, in immer größer werdenden Intervallen.

«Und dann dieser Druck, immer neue Texte abliefern zu müssen», sage ich. «Immer frische, freche Texte über Kultur und Politik ... Und dabei ist doch alles, was ich eigentlich im Leben will, ein Hund. So ein schnuffiger, flauschiger, weißt du? Einer, der mich vergöttert. Wo die Kinder ja mit dem Thema schon durch sind. Und ... Papa?»

«Hmhmhm?»

«Sag mal, bist du gerade eingenickt?»

«Was, ich?», sagt mein Vater und reißt die Augen auf, jetzt sitzt er wieder senkrecht. «Das gehört doch zu meiner Methode dazu», verteidigt er sich. «Das ist der Job des Therapeuten: komplett abzuschalten, sich in die Gedankenwelt des Patienten zu versenken, ganz tief! Quatsch mit Soße», räumt er ein, «ja, ich war eingenickt! Zieh die letzten fünf Minuten von den Therapiekosten ab, die die Krankenkasse für Angehörige eh nicht zahlt.»

«Schon okay», sage ich und nehme wieder eine gemütliche Sitzposition ein. Wo war ich noch mal?

«Und dann habe ich seit Wochen ein schlechtes Gewissen, weil ich den Jüngsten so früh in die Krippe gegeben habe. Nur wegen meiner eigenen, na, nennen wir es doch mal so:

Karriere. Und dabei will ich doch eine wunderbare Mutter sein. Und erfolgreich. Oder ist mir der Erfolg egal? Und Geld verdienen will ich auch. Oder ist mir Geld egal? Ich will nicht an Geld denken, ich bin doch Marxistin!»

«Ja, was denn nun», murmelt mein Vater und schiebt seine Sessellehne ungeduldig vor und zurück. «Hü oder hott? In deinem Alter habe ich schon meine zweite Praxis aufgemacht. Mädchen, du musst doch langsam mal wissen, was du im Leben willst!»

«Du könntest mich auch mal ausreden lassen, Papa.»

«Upsi», sagt mein Vater und hebt die Hände in die Luft. «Tut mir leid. Aber du musst auch mal Entscheidungen treffen, Mäuschen!»

«Mäuschen?», frage ich spitz zurück. «Sag mal, nennst du deine anderen Patientinnen auch so? Und redest du mit denen auch in diesem unterschwellig aggressiven Ton?»

«Meine anderen Patientinnen», antwortet mein Vater, «lamentieren nicht jahrelang über immer dieselben Lappalien. Und legen, by the way, nicht ihre stinkenden Socken auf meinen Therapietisch.»

«Papa?»

«Ja?»

«Wie wäre es mal mit bedingungsloser Empathie gegenüber deinen Patient*innen?», frage ich. «Das predigst du doch immer.»

«Ja», sagt mein Vater, «aber manchmal fällt es sehr, sehr schwer.»

Wir schweigen.

«Ich glaube», sage ich, «diesem Therapiegespräch fehlt es an professioneller Distanz. Du hast gesagt, das könnte zwischen uns klappen. Du hast gesagt, so könnte ich die monatelange Warteliste auf einen Therapieplatz umgehen und so würde ich nicht deinen Berufskollegen in die Hände fallen, diesen Laberheinis und Geldmachern.»

«Und Kolleginnen!», stoßseufzt mein Vater und greift nach seinem Anti-Stress-Ball. «Da kommt mir eine Idee», schiebt er nach, jetzt wieder im sonoren Therapeutensound. «Wir können uns siezen, dann könnte es klappen.»

Warum eigentlich nicht.

«Also, was ich Ihnen noch offenbaren wollte», hole ich aus, «dieser ewige Erwartungsdruck, dieses Es-immer-allen-recht-machen-Wollen, das geht vielleicht zurück auf meine Kindheit.»

«Mooooment, Ihre Kindheit war tipptopp!»

«Ich will nur sagen: Immer, wenn ich an meine Mutter denke ...»

«Lass deine Mutter aus dem Spiel!»

«Wie jetzt», sage ich, «du sagst doch immer, die Weichen würden in der frühen Kindheit gestellt. Und das geht nicht ohne Mutter. Und Vater.»

Mein Vater sagt, wenn ich auf Freud anspiele: Freud sei tot, die Psychoanalyse ein Irrweg des 20. Jahrhunderts und es gebe heute ganz wunderbare Therapieansätze, die mehr die «gesellschaftliche Sozialisation» in den Vordergrund stellten. Die «Peergroup» habe ja schließlich auch noch ein Wörtchen mitzureden, «darunter deine bekloppten Schulfreundinnen».

Ich versuche, meine Fingernägel nicht in den Hals meines Vaters zu rammen, sondern in den Anti-Stress-Ball.

Es klappt.

Wir entscheiden, neutraleres Terrain zu betreten und etwas Unverfängliches zu thematisieren. Etwas Nettes, Banales, ganz und gar Harmloses. Etwas, das die Gemüter wieder herunterkühlt.

Meine Ehe. Ich finde meine Ehe eigentlich recht gut, richtiggehend nett, kann man machen. Aber ob mein Mann das auch findet?

«Ich glaube», sage ich, «er findet mich manchmal sehr anstrengend. Ich glaube, er findet, ich rede zu viel.»

«Heiliger Strohsack, das kann ich verstehen», brummelt mein Vater, «also, ich meine: Dann müsst ihr beiden wohl eine andere Kommunikationsebene miteinander finden, eure Gesprächsführung optimieren.»

«Und manchmal, aber eher selten», gestehe ich, «nervt er mich auch.»

«Ihr Mann?», fällt mein Vater plötzlich wieder ins Sie, «Ihr Mann ist ein grundsolider Kerl! Seien Sie froh, dass Sie so einen gefunden haben. Und verbeamtet ist er auch.»

Auf den Pluspunkt können wir uns einigen.

Dann endlich nähern wir uns den ganz großen, existenziellen Fragen. Wer bin ich? Wo will ich hin? Was will ich vom Leben?

«Ich möchte endlich wieder mal etwas Abenteuerliches machen», wehklage ich. «Ich will auf einem Esel durch Kirgistan reisen. Nicht immer nur auf diesen einen Campingplatz nach Dänemark!»

Ich sacke zusammen. «Ja, manchmal frage ich mich schon», seufze ich und zupfe elegisch an meinem ersten weißen Haar am Kinn, «ob das jetzt im Leben wirklich alles war.»

«Herrgott, mein Mädchen, natürlich ist das alles!», ruft mein Vater aus. «Was soll denn da noch kommen? Das himmlische Paradies voller jugendlicher Liebhaber und deinem überzuckerten Lakritzschnaps? Sag mal, Mädel, hast du keine anderen Probleme? Mach Sport, geh spazieren, kauf dir die ‹Psychologie heute› oder bequatsch dein ach so aufreibendes Leben mit deinen immer noch bekloppten Freundinnen, aber nicht mit mir!»

Ich drohe mit Abbruch der Therapie und einem vernichtenden Urteil beim Ärztebewertungsportal jameda.de.

«Dann suche ich mir eben einen anderen Therapeuten», sage ich. «Einen, der mich versteht. Vielleicht diesen einen charismatischen Psychiater aus der Bahnhofstraße.»

«Nicht den durchgeknallten Petersen!», brüllt mein Vater, seine Wangen glühen jetzt mit der Salzkristalllampe um die Wette.

Um emotional wieder runterzukommen, schlägt mein Vater eine jahrhundertealte, gut erprobte Entspannungstechnik vor: eine rauchen. Gemeinsam, auf dem Praxisbalkon.

Und dann noch eine, um ganz sicherzugehen.

Es wirkt. Mein Vater empfiehlt, wir könnten es, als letzten Versuch, mit den Therapiepuppen probieren, das brächte vielleicht doch noch die gebotene Distanz rein.

Ich denke nach. Eigentlich sind diese esoterischen Laberpuppen nicht so ganz mein Ding. Eigentlich will ich richtige, professionelle Hilfe, mit Zehn-Punkte-Plänen und Tabletten. Richtig schönen, schockfarbenen Tabletten, groß wie Kronkorken. Aber na gut. Auch wenn mich der neue Gesprächsansatz ein wenig Überwindung kostet.

Ich schiebe die linke Hand in die weibliche Klappmaulpuppe mit den rötlichen Locken und Sommersprossen. Ich räuspere mich. Sammle mich. Oh Gott, ist das albern! Dann bewege ich Daumen und Finger beherzt aufeinander zu und wieder voneinander weg. Ich stecke meine ganze Persönlichkeit, mein Innerstes, mein Es, Ich und Über-Ich in diese eine flauschige, leicht schmuddelige Stofffigur. Es klappt.

«Hallo, mein Name ist Ella», sagt die Puppe, «ich habe ein paar Probleme, und niemand kann sie lösen.»

«Haha, du musst doch die Stimme nicht verstellen wie

ein Mainzelmännchen», lacht mein Vater. «Lass diese alberne Quietschestimme sein. Red einfach wie du selbst!»

Ich lege meine Stimme eine Quinte tiefer.

«Hallo, mein Name ist Ella», sagt die Puppe, «ich habe ein paar Probleme, und niemand kann sie lösen, denn mein Vater ist ein miserabler Therapeut.»

«Sooo nicht!», ruft mein Vater und hebt den zweiten Anti-Stress-Ball wie eine Handgranate vom Tisch.

«Haha, wie du dich schon nennst», spöttelt meine Puppe. «Psychologischer Psychotherapeut! Ich nenne mich doch auch nicht satirische Satirikerin. Und dann diese ganzen billigen Kunstdrucke, die hier herumhängen. ‹Der Schrei› von Edvard Munch, also stereotyper geht's nicht. Und übrigens», empört sich die Puppe, den Mund theatralisch aufreißend, «ich müffle! Warum steckt mich keiner in die Waschmaschine? Ist bei hundert Euro Stundensatz dafür kein Geld da, wenn ich fragen darf?»

Sämtliche Therapiepuppen, auch die staubbedeckten Marionetten, auch das Böse-Träume-Monster auf dem Schrank, nicken zustimmend. Linda und Lutz melden sich und sagen, sie würden jetzt auch gerne mal eine rauchen.

Da klingelt es.

«Oh, da ist ja schon die nächste Patientin», sagt mein Vater und wieselt zur Praxistür, er wirkt ein wenig erleichtert. Auf der Fußmatte steht eine freundliche, bisschen k. o. aussehende, stark übernächtigte Frau.

«Hallo, da bin ich. Bin ich schon dran?», sagt meine Schwester. Himmel, meine Schwester braucht auch dringend eine Sitzung, so fertig, wie sie aussieht.

Na dann. Ich lasse ihr den Vortritt. Beschwingt und überraschend gut durchtherapiert radle ich nach Haus.

Das zehnte Jahr

Alle zehn Jahre gehe ich in einen Dessousladen und kaufe mir einen Satz neuer Unterwäsche. Freude habe ich nicht daran, aber es muss sein. Die alte Unterwäsche ist bereits ein wenig verschlissen. Was sage ich: zerfasert, zerlumpt, komplett am Ende. Die Ränder sind aufgeribbelt, lose Fäden hängen herab, Metallbügel ragen aus den BH-Körbchen wie Knochen aus einem Kotelett.

Die Liebe muss man lebendig halten. Der Mond schimmert durchs Wohnzimmerfenster. Mein Mann liegt auf dem Sofa, im Schein der schwachen Funzellampe, liest. Ich setze mich auf den Sofarand und spiele am Gürtel meines Bademantels. Auch der Bademantel hat schon Löcher.

«Wie wäre es ... ich kaufe mir neue Unterwäsche?», raune ich durchs Halbdunkel.

«Mir egal», murmelt mein Mann, die Nase weiter im Buch, «ich mag dich auch so.»

Das ist das Problem. Er sollte mich nicht «auch so» mögen. Er sollte Druck auf mich ausüben, mich permanent im Unklaren lassen, wie diese ruchlosen Pick-up-Artists, von denen man ab und an liest. Er sollte mich zum Einkaufen animieren, ja drängen. Er sollte in seine Hose greifen und einen Zweihunderteuroschein hervorziehen oder seine Kreditkarte.

«Aus Frottee», sage ich. «Pfefferminzgrün. Könnte kratzen. Vor allem von außen.» Hat er nicht diese Acryl-Allergie?

«Mach, mach», gähnt mein Mann und liest weiter.

Ich gehe auf die Internetseite eines großen Online-Versandhauses, gebe als Suchbegriff «Slip» ein und erhalte etliche

Treffer. Potzblitz, das sind ja über tausend. Dass es auf der Welt so viele verschiedene Unterhosen gibt! Das nenne ich freie Marktwirtschaft. Schwungvoll scrolle ich runter und hoch, doch die Überfülle an Möglichkeiten lässt mich bald erschaudern. So viele Schlüpfer, in allen Farben des Regenbogens, in allen Formen der Geometrie, dass ich mich wie eine Ostdeutsche fühle, zum ersten Mal im KaDeWe. Verwirrend ist auch das Vokabular. Cup? Bei meinem letzten Einkauf waren das noch Körbchen. Dazu Bralettes, Balconette-BHs, Strappy-Bras ... neue, spannende Begrifflichkeiten schwirren durch meinen Kopf, gehen mit der halben Flasche Rotwein eine nie da gewesene Mixtur ein. Ich versuche, das Angebot einzugrenzen, tippe ins Suchfeld «flott», «Hauptsache robust» und «wärmt im Winter», aber das reduziert die Treffer schlagartig auf null.

Das führt zu nichts. So sitze ich übermorgen noch hier. Es gilt, das Angebot gehörig zu verknappen.

Am nächsten Tag fahre ich zum Dessousladen im Einkaufscenter, da war ich schon vor zehn Jahren. Auch die Verkäuferin war damals schon da, nur weniger alt. Ich beobachte sie durchs Schaufenster: eine energisch wirkende Endfünfzigerin in blassgelber Bluse. Kein Kunde ist im Laden. Gelangweilt nagt sie an einem Kugelschreiber. Ich betrete den Laden.

«Hallo», sage ich, «da bin ich wieder!»

Die Verkäuferin zuckt freudig zusammen. Ihre dunkelrot bepinselten Lippen öffnen sich.

«Einen wunderschönen guten Tag! Kann ich helfen?»

«Das ist lieb, aber danke», sage ich, «ich schaue mich erst mal nur um.»

Ich grüble über meine Größe, dann greife ich beherzt nach drei Sets, heißt: Unter- und Oberteil passen zusammen. So viel Bürgerlichkeit muss sein. Früher hätte ich das spießig gefunden, aber früher fand ich auch noch nicht Olaf Scholz gut.

Ich verschwinde in der Kabine. Der BH ist zu eng. Auch der Schlüpfer, genauer gesagt die «Panty», über meine alte Unterhose gezogen, sieht wenig vorteilhaft aus.

«Und? Schon was an?» Die aufgeweckte Stimme der Verkäuferin durch den Kabinenvorhang.

«Ja. Aber passt nicht so.»

«Soll ich mal gucken?»

«Nicht nötig», sage ich schnell, «ich ziehe das gleich wieder aus.»

«Da muss man immer draufgucken», sagt sie. «Professionell draufgucken. Vier Augen sehen mehr als zwei. Oder kommen Sie ruhig raus, hier ist gerade keiner im Laden.»

«Nein, nein», sage ich. «Ich bin gerade nackt, ich ziehe mir gerade das andere Set an. Das weiße.»

Zehn Sekunden vergehen.

«Und?»

«Auch nichts.»

«Das schöne von Hunkemöller? Das kann nicht sein. Ich komme jetzt doch besser mal gucken. Momentchen!»

Ihre Stimme klingt jetzt bedrohlich nahe. «Ich guck Ihnen schon nichts weg. Ich platze vor Neugier!»

Ich murmele etwas von Privatsphäre, Grundgesetz, Artikel 2, da wird der schwarze Kabinenvorhang bereits zur Seite gezogen.

«Kuckuck!», sagt die Verkäuferin.

Ihr Kopf zwischen dem Vorhangstoff.

«Huch», sagt die Verkäuferin. Ihr Blick wandert meinen Körper herab. «Oh Gottchen, wie sieht das denn aus. Oh nee! Nee, das geht gar nicht. Meine Liebe, das sieht ja wirklich verboten aus. Ziehen Sie das sofort wieder aus!»

«Wollte ich ja», murmele ich. «Wenn Sie den Vorhang vielleicht vorher wieder schließen könnten.»

Auch das nächste, karierte Wäsche-Set findet keine Gnade.

«Auch nix!», stöhnt die Verkäuferin beim Anblick auf. «Das nenne ich mal einen Griff ins Klo.» Und das Muster des Stoffes harmoniere auch nicht mit der Maserung meiner Schwangerschaftsstreifen.

Moment mal, welche Schwangerschaftsstreifen?, denke ich.

Flink reicht sie mir etwas anderes hinein, einen «Entlastungs-BH». Früher hieß das Stütz-BH. Ich muss überhaupt nicht entlastet werden, höchstens von diesen neunmalklugen Ratschlägen.

Wieder in Straßenkleidung, streife ich noch einmal gründlich durch den Laden. Unschlüssig irre ich durch die Regalreihen. Nach wenigen Minuten eilt die Verkäuferin herbei, strahlt mich an.

«Das ist aber mal ein toller Body!»

«Finden Sie? Oh danke», sage ich und sehe stolz an mir herab.

«Nee, nee, ich meine doch diesen sündhaft teuren Einteiler hier, von Palmers. Ein Hauch von Nichts.»

Ein Hauch von Etwas würde mir aber besser gefallen, erkläre ich, wenn ich hier schon über hundert Euro ließe. Für viel Geld wolle ich auch viel Stoff.

«O-kay.» Die Verkäuferin reibt ihre Handflächen aneinander. Was ich denn eigentlich genau suche?

Ich denke nach.

«Was Flottes», sage ich. «Was Stabiles. Nicht Frottee. Nicht kratzen», präzisiere ich. «Etwas, das praktisch ist. Alltagstauglich.»

«Alltagstauglich», wiederholt die Verkäuferin gedehnt.

«Puristisch», sage ich.

«Langweilig», präzisiert die Verkäuferin.

«Schnörkellos», sage ich.

«Hässlich», sagt die Verkäuferin.

So kommen wir nicht weiter.

«Okay, noch mal zurück auf Start», sagt die Verkäuferin. «Fangen wir noch mal ganz von vorne an. Was sind Sie denn überhaupt für ein Typ? Lassen Sie mich überlegen.»

Himmel, darüber grüble ich selber schon seit Jahrzehnten, warum soll diese Hobbypsychologin das binnen weniger Minuten wissen?

«Ich sage mal ... sportlich!»

«Sportlich» höre ich in solchen Situationen immer. Ich bin überhaupt nicht sportlich, aber wann immer jemand nach einem Adjektiv jenseits von «feminin» und «schick» sucht, bleibt irgendwie nichts anderes übrig.

«Sie sind mir so vom Schlage Schiesser», nickt die Verkäuferin, «oder Typ Trigema.»

«Trigema», hebe ich einen Zeigefinger, «ist das nicht die Firma mit dem Affen in Menschenkleidung?» Das fände ich ethisch etwas fragwürdig.

Der habe aber nicht in diesen Wäsche-Sets gesteckt, Ehrenwort, sagt die Verkäuferin und hebt eine Hand zum Schwur.

Sie hat Geduld mit mir. Sie liebt Herausforderungen, das sieht man ihr an. Schwierige, fast aussichtslose Fälle. Fälle wie mich.

«Na gut. Anders gefragt», sagt die Verkäuferin, «was meinen Sie denn selbst, was für ein Typ Sie sind? Nennen Sie mir Ihre wichtigsten Eigenschaften.»

Interessante Elementarfrage. So macht Einkaufen Spaß. Ich denke nach.

«Vielleicht ... zuverlässig», sage ich. «Umgänglich. Sympathisch. Bodenständig.»

«Zuverlässig, bodenständig ... ach, kommen Sie», sagt die Verkäuferin, «schlummert da nicht in Ihnen doch ein kleines bisschen Restgeheimnis? Haben Sie sich als Frau schon so aufgegeben?»

«Na gut», ich überlege noch einmal. «Auch ein bisschen geheimnisvoll. Auf subtile Art extravagant. Auf aufregende Weise schlicht.»

«Na also», zwinkert sie.

«Nachdenklich», fahre ich fort. Jetzt bin ich richtig drin. «Mit einem gewissen Hang zur ... Melancholie.»

Mein Blick geht elegisch durch das Schaufenster, bis zum Teelädchen gegenüber.

«Und ... sozial», ergänze ich. «Politisch. Ja, sehr politisch. Im Herzen Sozialistin!»

Die Verkäuferin eilt ins Hinterzimmer, kommt mit einem Wäsche-Set aus rotem Satin zurück.

«Na bitte sehr: Modell Loki Schmidt. Rot wie Rosa Luxemburg, aalglatt wie die Reden von Dietmar Bartsch und genäht von schwäbischen Näherinnen über Tarif.»

Spaß beiseite, sagt die Verkäuferin: Die Loki habe früher eher schwarze Spitzenunterwäsche favorisiert. Das habe sie von einer befreundeten Verkäuferin im Hanse-Viertel gehört.

Ich staune.

«Ja, glauben Sie denn, Manuela Schwesig oder Sahra Wagenknecht tragen bügellose BHs aus grobem Leinen, handgenäht in peruanischen Kollektivbetrieben?», fragt die Verkäuferin. «Sogar Petra Pau trägt heute feinstes Tuch.»

«Ehrlich, Petra Pau?»

Mein Weltbild gerät ins Wanken.

«Aber mir gefallen nun mal eher die schlichten Sachen», sage ich und zeige auf einen Baumwoll-BH ohne Bügel.

Sie schüttelt die antoupierten Locken.

«Der ist nicht gepolstert. Da hängt doch alles. Sie brauchen etwas Gepolstertes.» Ein gut gearbeiteter Push-up-BH lasse die Brüste frontal wie Scheinwerfer in den Raum treten.

«Danke, aber das brauche ich nicht.»

«Oooh doch!» Wenigstens etwas Bauchkaschierendes, beharrt die Schlaumeierin. «Ein geschlossener Body. Ein hübsches Mieder. Etwas Vorgeformtes.»

Wieder so ein neuartiges Wort. Heißt das vorgetragen? Von wem? Von dem Trigema-Affen oder von ihr selbst?

Was denn eigentlich meinem Partner so gefalle, schlägt die Verkäuferin plötzlich einen neuen Pfad ein, sofern ich einen gefunden hätte, worauf meine bisherige Unterwäsche nicht unbedingt schließen lasse.

Ich straffe den Rücken und erkläre, meine Kleidung müsse nur mir gefallen, mir allein. Ich sei eine moderne, selbstständige Frau, die genau wisse, was sie wolle, also außer in Unterwäschefragen.

«Ich bin Feministin», schiebe ich hinterher.

«Also langweilig. Sag ich doch», stänkert die Verkäuferin und bleibt dabei: Ich bräuchte etwas Verführerisches, sofort.

«Ich brauche nichts Verführerisches», schnaube ich und ziehe jetzt doch mal meinen Mann als Joker hervor. «Mein Mann begehrt mich auch so! Er begehrt mich», jetzt muss ich es der aufgebrezelten Besserwisserin aber zeigen, jetzt muss ich ein bisschen auf die Kacke hauen, «bis zu fünf Mal am Tag!»

Die Verkäuferin lacht noch lauter.

«Oho, Sie werden erst wissen, was das Maximum ist, wenn Sie das hier tragen», sie hält mir einen purpurfarbenen Spitzenfummel unter die Nase. «Was meinen Sie, wie er dann über Sie herfällt!»

«Wenn, dann falle ich über ihn her», verkünde ich ein

wenig zu laut, dass die Rentnerin, die schon in der Tür steht, erschrocken wieder kehrtmacht.

«Wir sind ein modernes, emanzipiertes Paar», bekräftige ich. «Zwei Subjekte auf Augenhöhe. Wir handeln das miteinander aus.»

Dann fällt mir noch etwas ein. Angriff ist die beste Verteidigung. Ich wähle die Offensive.

«Was tragen Sie denn eigentlich für Unterwäsche?», erkundige ich mich.

Sie hebt die Bluse, zieht die schwarze Satinhose einige Zentimeter nach unten. Ich suche. Und sehe: nichts.

«Keine», sagt die Verkäuferin, aber wenn sie das an die große Glocke hinge, wäre der Laden bald pleite.

«Alle Achtung», sage ich.

Mir sei da gerade noch etwas eingefallen, ergänze ich. Ehe mein Mann und ich, also natürlich wechselseitig und auf Augenhöhe, übereinander herfielen, machten wir vorher meistens schon das Licht aus.

«Na, sagen Sie das doch gleich!»

Die Verkäuferin taucht hinter einem Regal ab und mit einem neuen Set wieder auf. «Fluoreszierende Unterwäsche» steht in schockfarbenen Buchstaben auf der Verpackung.

«Die leuchtet. Wie im Schwarzlichttheater», zwinkert die Verkäuferin.

Das ist es. Auch der Preis, 139 Euro 99, das scheint mir mehr als angemessen. Ich probiere das Set sofort an und den sogenannten Petra-Pau-Tanga noch dazu.

Alles passt wie angegossen. Ich lass die neue Unterwäsche gleich an, gehe zur Kasse und krame nach meiner Sparkassen-Karte.

Nur eine Frage hätte ich noch.

«Haben Sie für die hier», ich ziehe aus meinem Rucksack ein verwaschenes Stoffknäuel, «noch irgendwie Verwendung?»

«Heiliges Kanonenrohr! Was ist denn das?»

«Meine alte Unterwäsche», sage ich, «natürlich frisch gewaschen. Im Autohaus oder im Computerladen nehmen sie ja auch inzwischen alte, noch verwertbare Dinge in Zahlung. Stichwort Upcycling», doziere ich. «Das machen moderne Geschäfte jetzt so.»

Die Verkäuferin wiehert los.

«Kindchen, die würde ich ja nicht mal als Putzlappen verwenden!»

Nicht sehr charmant, aber na gut, beraten kann diese Frau wie keine zweite.

Ob ich in den E-Mail-Verteiler aufgenommen werden wolle, fragt sie noch, als sie mit dem Lachen fertig ist. Dann erhielte ich einmal im Jahr eine Erinnerung, dass ich neue Wäsche bräuchte, genau wie beim Zahnarzt.

Ob man die Erinnerungsmail auch auf alle zehn Jahre eintakten könne, frage ich.

Da sei sie schon in Rente, sagt die Verkäuferin.

Wir einigen uns auf sieben.

«Bis dahin», rufe ich und winke ihr zu. Jetzt nur noch in der Bäckerei nebenan ein paar Muffins kaufen. Im Muffinkaufen bin ich richtig gut.

Taxi, Taxi!

Ich fahre häufig mit der Deutschen Bahn, seit 42 Jahren. Es ist ein Leben, an grauenhaften Bahnfahrten reich, und von allen grauenhaften Bahnfahrten war dies die grauenhafteste.

Dienstag, 2:50 Uhr in der Nacht: Der ICE erreicht meinen Heimatbahnhof Hamburg-Harburg mit 216 Minuten Verspätung. Grund: Suizid auf freier Strecke. Alle S-Bahnen und Busse sind fort. Der Taxistand ist verwaist. Eine Burger-King-Tüte flattert einsam über den Bahnhofsvorplatz. Ich wähle die Nummer, die auf dem Taxischild steht, und bitte um einen Wagen. Die Frau am anderen Ende gähnt und lacht: Da sei ich nicht die Einzige.

Das ist das Problem. Sämtliche Züge zwischen Hannover und Hamburg haben Verspätung. Zwei Dutzend Menschen stehen hier. Wir warten. Und warten, in dieser kalten Novembernacht. Müde, hungrig, ausgebrannt. So viele fertige Menschen auf einen Blick, in allen Stadien des Erschöpftseins: Augenlider hängen auf Halbmast, Mundwinkel zucken unkontrolliert, Menschen liegen quer über Rollkoffern. Eine Stille wie in der Weimarer Fürstengruft. Aber nicht sehr lange.

«Das erste ist meins», erklärt ein Mann, über der zerfurchten Stirn eine monumentale Fellmütze. «Ich stehe am längsten hier.»

«Ach so?», erkundigt sich eine Frau in signalroter Steppjacke, die etwas abseits steht. Wann er denn das Taxi genau gerufen habe? Sie stünde mindestens genauso lange hier. Sie habe das Taxi bereits um 2:53 Uhr bestellt.

«Ebenfalls 2:53 Uhr. Stich!», ruft ein anderer und wedelt

zum Beweis mit seinem Handydisplay. Ein weiteres Pärchen reißt ein Handy in die Luft wie eine Stichwaffe. Gemurmel. Geknurre. Die Stimmung wird ein klitzekleines bisschen gereizt.

«Aber, aber, meine Lieben», höre ich mich überraschend sagen. In großen Gruppen ergreife ich sonst eher ungern das Wort.

Wer zuerst ein Taxi bestellt habe, sage ich, sei nicht das Entscheidende. Es ginge hier, in dieser Ausnahmesituation, doch vielmehr um Dringlichkeit. Um Beweggründe. Um zwischenmenschliche Härtefälle, appelliere ich an die allgemeine Empathie. Ich zum Beispiel, sage ich, hätte Kinder. Die müssten um halb sieben aus dem Bett. Dafür bräuchte ich noch etwas Schlaf. Dafür müsste ich sehr, sehr dringend nach Hause. Ich ringe die kalten Hände: «Lasst mir das erste Taxi, mir als Mutter! Bitte, bitte, bitte!»

Null Reaktion. Ja, gibt es in dieser Welt keine Nächstenliebe mehr?

Na, die Kinder werden zu Hause doch kaum alleine sein, hakt die Frau in der roten Steppjacke nach. Sei da nicht noch ein Papa?

«Sie hassen den Papa», behaupte ich. «Wenn sie ihn morgens im Dämmerlicht sehen, bekommen sie immer Angst. Sie lieben mich. Sie brauchen mich!» Ich versuche, ein paar verständnisvolle Blicke zu erhaschen. «Der Papa weiß nicht mal, wo die Brotdosen sind. Drei Kinder. Bitte!»

«Vier Kinder», meldet sich eine Frau im königsblauen Wollmantel, lässig lehnt sie am Taxischild. «Plus einen fordernden Vollzeitjob als Juristin.» Triumphal blickt sie in die Runde.

Chapeau, denke ich. Die sieht ja nicht mal sonderlich fertig aus, stelle ich fest und hasse sie sofort. Vollzeitjob – dass andere Frauen immer so viel auf die Kette kriegen! Oder hat sie ein bisschen geflunkert?

«Pah! Das ist doch gar nichts», klinkt sich der Fellmützentyp wieder ein. Er müsse bereits um Viertel vor fünf aus den Federn und um halb sechs in der Bäckerei stehen, sonst gäbe es vom Chefchen Saures, aber hallo!

Ähm, wenn er vielleicht auch etwas anbringen könne, meldet sich da ein Mann mit Maulwurfsaugen, die müde hinter dicken Brillengläsern hervorquellen: Er sei zwar selbstständig und solo, jedoch in Besitz einer inkontinenten Dackeldame, die nachts zweimal rausmüsse. «Rosina ist in der Wohnung seit Stunden ganz allein!»

«Leute, Leute!» Über den spärlich beleuchteten Bahnhofsplatz blitzen zwei goldberingte Hände, die zu einem Mann mit gegelten Locken und bodenlangem Mantel gehören. Alle mal herhören! Er habe auch einen Beweggrund, erklärt er und legt den Arm um die zierliche Frau neben ihm: «Wir wollen einfach noch einen wegbumsen! Oder zwei.» Das sei auch unaufschiebbar. Jaaa, ein Argument, das im Juristendeutsch wohl zu den «niederen Beweggründen» zähle, aber das sei ihm piepegal, so piepegal übrigens wie all unsere Beweggründe und sämtliche Schnarch-Artikel der «DB Mobil». Verflucht, es sei spät. Es sei tief in der Nacht. Hier gäbe es keine Rücksichtnahmen, keine Solidarität. Survival of the fittest. «Im Zweifel für die Freiheit!», tönt er in Richtung Nachthimmel. Moment mal, denke ich, ist das nicht ein ehemaliger Slogan der FDP?

Alle schweigen, als hallte das gerade Gehörte noch eine Weile nach. Alle lauschen in die Stille, die allmählich in ein Rattern übergeht, und da rauscht, oh Schreck, bereits der nächste verspätete Zug in den Bahnhof, an neuen Konkurrent*innen nicht zu knapp.

Endlich: Ein erstes Taxi biegt um die Ecke, rollt auf dem Bahnhofsvorplatz ein. Füßescharren. Taschengeraschel. Ich rücke noch dichter an den Taxistand.

Alle Mitbewerber*innen rücken jetzt noch dichter an den Taxistand.

«Alles klar, das ist meins», sagt Fellmütze und greift nach dem Türgriff des haltenden Wagens.

«Irrtum. Meins», grinst der FDP-Freund und wedelt mit einem Fünfzigeuroschein, die Sau.

«Jau ... das ist seins», bestätigt der Taxifahrer und greift nach dem Scheinchen.

«Arrivederci, ihr Idioten! Gute Zeit noch!», ruft der Glückliche durchs offene Fenster und legt auf dem Rücksitz den Arm um die kichernde Frau neben ihm. Wir sehen dem Taxi nach, bis der Fahrtwind ihr Siegerlachen verschluckt.

Die Steppjackenfrau tritt gegen die Bordsteinkante und brummelt was von «Kameradenschwein» und «Arschlochmove».

Ja, Arschlochmove, denke ich, aber gekonnt, das muss man ihm lassen.

Das nächste sei jetzt aber wirklich seins, bekräftigt Fellmütze und stützt sich ermattet am Taxischild ab. Hundertpro!

Nein. Ihres, korrigiert die Vierfachmutter, die, wenn man länger hinguckt, eigentlich doch ganz schön fertig aussieht: ausgelaugt, ja, komplett durch. Ob ich auch so aussehe?

Sie wolle, betont Vierfachmutter, jetzt «so-fort heim!».

Ihre Stimme klingt auf einmal etwas schrill.

Sie müsse jetzt un-be-dingt schlafen! Sie habe einen hoch bezahlten Job! Sie habe morgen früh in der Kanzlei einen dringenden, karriereentscheidenden Termin.

«Ich bin wichtig!», verkündet sie allen Ernstes.

Er sei nicht wichtig, pariert Fellmütze. Er habe einen scheiße bezahlten Job, und deshalb sei das nächste Taxi seins. Er habe im Leben bereits genug gewartet. Immer gewartet. Immer der Arsch vom Dienst. Immer ganz hinten angestanden, aber diesmal nicht! Er wolle auch eine Mütze Schlaf haben, ehe er im Morgengrauen wieder überteuerte Sauerteig-Brioches am Bahnhof verkaufe, «an besser verdienende Volldeppen wie euch alle!».

Ähm, er sei auch nicht sonderlich wichtig, schaltet sich ein langhaariger junger Mann ein, er wohne jedoch noch hinter Buchholz, das seien fucking 25 Kilometer, das sei unmöglich zu laufen. Ob die Entfernung nicht auch ein Kriterium sei?

Allgemeines Geraune. Auch ein guter Punkt.

Oho, da könne man aber auch genauso gut gegenteilig argumentieren, kontert die Steppjackenfrau. Bei ihr seien es «nur» vier Kilometer, da sei das Taxi für die anderen schneller wieder zurück.

Auch ein guter Punkt. Müde Schädel qualmen mit den Frust-Zigaretten um die Wette.

«Hey, Freunde, Freunde!» Der Typ mit der Dackeldame schnipst mit dem Finger. Er habe da eine Idee. Man könne doch Fahrgemeinschaften bilden, in jede Himmelsrichtung eine. Man könne doch zusammenhalten. Säßen wir am Ende nicht alle in einem Boot? «Los, Leute! Einer für alle, alle für einen!», skandiert er und reckt den rechten Arm in die Luft wie ein Musketier seinen Degen. Kein Arm gesellt sich dazu.

«Schnauze, Salomo», murmelt irgendwer.

Die Steppjackenfrau jault auf, sie müsse sehr, sehr dringend auf Klo. «Groß. Sehr groß», und das Bahnhofs-WC sei verriegelt. Oder solle sie sich dort drüben in die Büsche schlagen und sich den Arsch abwischen mit den Fahrgastrechte-Formularen der Deutschen Bahn?

Allgemeines Gegacker.

«Dann eben keine Fahrgemeinschaften», verschafft sich Dackelherrchen erneut Gehör. Alternativ schlage er vor, er könne auf seinem Smartphone eine Excel-Tabelle anlegen und ein Dringlichkeits-Ranking erstellen: ein komplexes Punktesystem, wer wann an der Reihe sei, schön fair, nach Alter, Geschlecht, Serotoninspiegel und Fassungsvermögen der Blase.

Fellmütze seufzt, hätten sie beim Untergang der Titanic ähnlich verfahren, wäre die gesamte Besatzung verreckt.

Das zweite Taxi erreicht den Bahnhof. Jubelschreie. Freudentränen. Jemand singt «The Final Countdown» von Europe. Das bin ich.

Die Steppjackenfrau lässt verlauten, sie müsse immer noch dringend aufs Klo.

«Ich habe immer noch drei Kinder», fällt mir ein.

Fellmütze sprintet zur Taxitür, wird jedoch im letzten Moment von einer schwarz ummantelten, leicht weggetretenen Diabetikerin überholt, die ihre Insulinspritzen schmerzlich vermisst oder verdammt gut performt.

Alle winken ihr nach.

Halb vier in der Früh. Wir warten. Und warten. Ein Mann schnarcht im Stehen, Arm in Arm mit der Straßenlaterne. Glückspilz muss man sein. Ein mittelaltes Paar in gleichfarbigen Outdoorjacken regt an, den nächsten Auserwählten per «Schnick, Schnack, Schnuck» zu ermitteln, und findet einige Anhänger.

In der Kultur, aus der er komme, dürften immer die Leute mit langen Bärten zuerst, nuschelt ein Mann in seinen sehr langen Bart. Welche Kultur das sei, will er jedoch nicht verraten.

«Genug ist genug!», gellt plötzlich die Vierfachmutter in die Runde. Das sei ihr alles zu viel. Sie drehe hier so langsam durch! Aber nur hier und heute, ergänzt sie rasch, sonst würde sie immer alles supergut unter einen Hut kriegen, supergut!

Doch jetzt, in dieser elenden, sternlosen Nacht, breche sie ganz bald zusammen. Sie stünde hier, todmüde, in der Kälte, und zu Hause pennten ihr Ehemann und das texanische Au-pair-Mädchen, und vermutlich noch miteinander, tut sie kund, aber wird sogleich von Dackelherrchen übertönt: «Daaa sitzt sie! Sie kann nicht schlafen! Seht in diese traurigen Augen!» Auf seinem Smartphone die Bilder einer Webcam, darauf ein Dackelblick, so schreckgeweitet wie sein eigener.

Stoßgebete, altägyptische Flüche und Rufe nach warmen Schinkentoasts werden laut. Eine weißhaarige Alte kichert, sie wohne eigentlich nur 300 Meter ums Eck, aber hier sei's gerade so lustig – ehe sich über die Menschenmenge eine bebende Baritonstimme erhebt.

«Scheiß der Hund drauf, ich hasse euch alle!», brüllt ein schnurrbärtiger Mann, der noch gar nichts gesagt hat. Er könne, Scheiße noch eins, unser SCHEISSGELABER nicht mehr ertragen! Und wenn noch einmal irgendwer seinen mit Scheiße gefüllten Rimowa-Rollkoffer in seine Hacken ramme, könne er für nichts mehr garantieren. Ihm fehle seine Kuscheldecke und jegliche Impulskontrolle, brüllt er, die Hände zu Fäusten geballt. Seine Augen irrlichtern von einem zum anderen. Außerdem sei er Mitarbeiter des Bordbistros, sagt er etwas matter und präsentiert nicht ohne Stolz sein DB-Logo unter der Winterjacke. Ob das auch ein paar Pluspunkte brächte?, winselt er, aber wird von allen verlacht.

«Scheißbaaaahn!», grölt die Steppjackenfrau, und alle stimmen mit ein. Darauf können sich alle einigen. Endlich, ein erstes Gemeinschaftsgefühl. Was folgt: Hassgesänge aufs Bordbistro und die Deutsche Bahn, am lautesten ich, bis ich mich jäh besinne.

«Liebe Mitmenschen!», mahne ich, die Deutsche Bahn sei an der ganzen Sache doch gar nicht wirklich schuld. Ja, solle die Bahn über so ein lebensmüdes Menschenkind einfach drüberbrettern?

«Jaaa!», rufen alle im Chor, während das dritte Taxi den Bahnhof erreicht und Fellmütze, nach einem Boxkampf mit dem Bordbistro-Hitzkopf und der Vierfachmutter, den verdienten Zuschlag erhält.

«Ehrlich, du hast drei Kinder? Wie ist denn das so? Erzähl doch mal», erkundigt sich Dackelherrchen.

Es ist Viertel nach vier. Zu zweit stiefeln wir Richtung Hamburg-Wilhelmsburg. In anderthalb Kilometern bin ich daheim. Nach dem fünften Taxi haben wir beide aufgegeben. Irgendwann muss man erkennen, dass man nicht gewinnen kann.

Vielleicht hätten wir die Taxen doch per «Schnick, Schnack, Schnuck» vergeben sollen, sagt Dackelherrchen, darin sei er nämlich richtig gut. «Guck mal, jetzt schläft sie!» Dackelherrchen zeigt auf sein Handy. «Na, war doch auch irgendwie interessant», schiebt er nach. «Guter zwischenmenschlicher Input. Stichwort Horizonterweiterung und so.» Ob wir zum Abschluss noch einmal «Scheißbahn, Scheißbahn / nie mehr woll'n wir mit dir fahr'n» singen wollen, fragt Dackelherrchen, oder «Den allerkleinsten Schniedelwutz / hat DB-Chef Richard Lutz»? Aber ich winke müde ab. Und so trotten wir weiter, immer weiter, dem nahenden Morgengrauen entgegen.

Liebe mit Hindernissen

Als ich fünfzehn war, war ich das erste Mal schwer verliebt. Er war sechzehn, hatte tiefbraune Augen und dunkles Haar. Wir konnten uns super unterhalten. Wir konnten uns super küssen. Wir wollten für immer zusammenbleiben. Wir wären für immer zusammengeblieben, wenn nur die interkulturellen Differenzen nicht gewesen wären. Er hatte eine andere Mentalität, war ein Supermacho, dominant und charakterlich ein Windei, ferner untreu, faul und triebgesteuert bis zu 24 Stunden am Tag, wie alle Katholiken.

Auf Verständnis in meinem Familienkreis durfte ich nicht hoffen.

«Ein Kathole?» Meine Großmutter schlug die Hände zusammen, als ich ihr in ihrer Wohnküche die ganze Sache gestand. In ihre ohnehin zerfledderte Stirn kerbte sich eine tiefe Falte. Großmutter rückte ihren Küchenstuhl dicht an meinen. Ihre Augen begannen zu funkeln.

«Die haben doch eine ganz andere Mentalität!»

«Ich weiß», sagte ich.

«Sie beten bekloppte Heilige an!»

«Ich weiß», sagte ich.

Großmutters gerötete Runzelwangen jetzt nah an meinen glatten.

«Sie schlagen ihre Frauen und lassen sie nicht aus dem Haus!»

«Ich weiß, Oma, ich weiß.»

Jede*r in unserem protestantisch geprägten Dorf wusste das. Und doch, das hier war Westfalen, uraltes Grenzland. Ein

Viertel Katholik*innen befand sich unter den Dörfler*innen, im Nachbarort waren es doppelt so viele: dem Dorf, das mein

neues Arkadien war, mein Traumland, der Garten Eden, in dem mein Traumprinz wohnte.

«Sie trinken ihr Bier lauwarm», ließ Großmutter nicht locker. Sie wusste alles über Katholiken, denn sie hatte mal mit einem gesprochen, drüben beim Toto-Lotto-Laden.

«Sie grillen Pferdefleisch!»

Okay, das täten wir hin und wieder auch, räumte sie ein. Gulasch vom Ross, mjam, lecker.

«Sie pinkeln! Ich meine, sie pinkeln im Stehen, auch die Frauen!» Ihre Stimme bekam allmählich etwas Dringliches.

«Die Männer haben riesige Schwengel!»

Der Gedanke gefiel mir eigentlich ganz gut.

«Sie kopulieren im Beichtstuhl», beschwor Großmutter. Bei diesem Punkt sei sie sich jedoch nicht ganz sicher, das habe sie mal irgendwo gehört.

«Sie heißen Gregor, Franziskus oder Paul!»

«Er heißt Konrad», sagte ich.

Sie schnappte nach Luft. «So wie der schwachköpfige Adenauer?»

Einen hatte sie noch.

«Sie trinken Mäuseblut und nennen es den Lebenssaft Christi!»

All das wusste ich, und noch vieles mehr. Und doch, was lässt sich gegen die Übermacht der Liebe, gegen die flammenden Pfeile Amors ausrichten? Die Liebe ist etwas Irrationales. Sie steht plötzlich vor dir, keine dreißig Zentimeter von deiner Nasenspitze entfernt. So wie Konrad, als wir das erste Mal an der Bushaltestelle miteinander ins Gespräch gekommen waren.

«Hi», hatte Konrad gesagt.

«Hallo», hatte ich gesagt.

Fast sprachen wir dieselbe Sprache.

«Mist. Der Bus ist schon weg», hatte Konrad gesagt und mir eine Papiertüte mit Weingummi gereicht. «Willst du eine lange Schlange?»

Ich erbebte. Gänsehaut total. Was für eine «lange Schlange» er wirklich meinte, wagte ich nicht zu denken.

Kurz darauf wurden wir ein Paar – und hosianna, was für eines! Natürlich gab es tiefe Gräben, ja fundamentale Unterschiede zwischen uns, doch das machte es umso romantischer. Wir: Romeo und Julia, Harold und Maude, Helmut Kohl und Margaret Thatcher. Natürlich waren wir so verschieden wie Feuer und Weihwasser. Er irrational, ich rational. Er spendabel, ich sparsam. Er Scout-Rucksack, ich Eastpak.

Natürlich versuchte ich, bei jedem Rendezvous eine kritische Restdistanz zu wahren. Natürlich trieben mich allerlei Fragen um. Würde er sich vor oder nach dem Küssen bekreuzigen? Wie sollte ich seine Eltern anreden: mit «Eure Heiligkeit»? Und wer waren diese sonnenbebrillten Typen in den albernen Hemden auf dem Poster in seinem Jugendzimmer? Der Vatikan-Chor?

Im Gegensatz zu meiner Großmutter gaben sich meine Eltern übrigens durchaus tolerant.

«Na ja», seufzte meine Mutter nur, «wo die Liebe hinfällt.»

Sie möge ihn nicht, er sei ein Luftikus und habe keinen Arsch in der Hose, im übertragenen und wörtlichen Sinne, und kenne, wo wir gerade beim Thema seien, offensichtlich nicht die Funktion einer Klobürste. Kurz, der Typ sei ein kompletter Volltrottel. Aber doch nicht, weil er Katholik ist.

«Katholiken sind auch nur Menschen», tönte mein Vater, der sich als Psychotherapeut gerne verständnisvoll gab. Er habe nichts gegen Katholiken, betonte er. Einige seiner durchgeknalltesten Patienten seien Katholiken. Also eigentlich alle. Großmütig verwies er auf die ökumenische Bewegung, den jahrhundertealten Religionsfrieden und die Möglichkeit interkonfessioneller Hochzeiten.

Nach zwei Wochen wollte mich Konrad seiner Familie vorstellen. Ein Grillfest. Ich erschauderte und nahm mir vor, mein eigenes Fleisch mitzubringen.

«Mein Bruder feiert nämlich Kommunion», sagte er, und ich wusste nicht mal richtig, was das war.

«Och, so ein feierlicher Gottesdienst mit satanischen Elementen», erläuterte meine Großmutter.

«Und? Hast du noch deinen Kreuzbückler?» Jeden Sonntag, wenn ich bei ihr in der Wohnküche saß, nahm sie mich ins Gebet. «Zwingt er dich zu konvertieren?»

«Nein», sagte ich.

«*Noch* nicht», sagte sie.

Alles wollte sie wissen.

«Lässt er dich aus seinem Zimmer?» – «Wie sieht seine Klobrille aus?» – «Schmiedet er irgendwelche finsteren Pläne?»

«Wir wollen zusammen wegfahren», sagte ich.

Großmutter überlegte.

«Eine Wallfahrt?»

«Nee, Interrail.»

«*Noch* nicht», sagte sie und schlappte in die Abstellkammer, um dort irgendetwas von den unverheilten Wunden des Dreißigjährigen Krieges zu brummeln und den Fallstricken einer Mischehe.

Wir hätten zusammen durchbrennen können, nach Kanada oder Albanien, wo konfessionelle Unterschiede eher spielerisch gehandhabt werden. Wir hätten ins Auenland oder nach Saudi-Arabien fliehen können, da wären wir wenigstens beide Exot*innen gewesen. Wir hätten gemeinsam zu den

Zeugen Jehovas rüberwechseln können oder zum tasmanischen Buddhismus, um auf neutralem Terrain Hand in Hand von vorne anzufangen. Wir hätten für unsere Liebe kämpfen können! Aber wir taten es nicht.

Nach ein paar Wochen eröffnete mir Konrad, er müsse mir etwas beichten. Er guckte bedeppert, aber auch süß, ein bisschen wie der junge Helmut Kohl. Dann ließ er die Katze aus dem Sack.

«Ich liebe Maria.»

«Ich weiß», sagte ich und legte ihm eine Hand auf die picklige Schulter. «Finde ich krank, aber ist schon okay.»

«Ich meine Maria Rietmüller aus der 10b.»

So trennten sich unsere Wege.

Fünf Wochen waren's. Keine ausufernde Liebesgeschichte, aber das habe ich auch nicht gesagt.

Als alles aus war, verbrannte ich alle seine Briefe, die mir plötzlich sehr lieblos erschienen, hingerotzt wie Ablassbriefe.

Meine Mutter nahm mich für Momente in den Arm. Mein Vater klopfte mir auf die Schulter und murmelte was von einer «spannenden Horizonterweiterung», die mir keiner mehr nehmen könne.

Nur eine konnte ihre Freude nur notdürftig verhehlen.

«Ach nee! Das war's schon? Na sieh mal einer an», sagte meine Großmutter. «Hat er jetzt sein Zölibat angetreten, oder was?»

«Eher das Gegenteil», sagte ich.

«Wen wundert's, wen wundert's», sagte Großmutter. «Wirst ja auch bald sechzehn, da bist du dem Papstfreund zu alt.»

Großmutters finsteres Grinsen.

«Und jetzt tut er so, als sei nie etwas zwischen uns gewesen», klagte ich. «Ich hab versucht, mit ihm zu reden, die Fehler gemeinsam aufzuarbeiten. Aber er sagt, er wisse nicht, wovon ich spreche!»

Großmutter grinste noch breiter: «Schätzchen, sagtest du nicht, er ist ein Katholik?»

Zehn Tage später hatte ich einen neuen Freund. Er war groß, schlaksig, hatte einen goldenen Oberlippenflaum, die Schule geschmissen, drei Wochen Jugendknast auf dem Buckel und ein mit Füllertinte selbst gestochenes Wikinger-Tattoo.

«Ach! Der nette Felix aus unserer Gemeinde?», strahlte meine Großmutter und ging an den Küchenschrank, um meinem künftigen Bräutigam eine Tafel Edelvollmilchschokolade mitzugeben.

Mit Felix hielt es ein paar Monate länger, reichte aber nie an die Zeit mit *ihm* heran. Und noch heute, wenn ich im Fernsehen einen schmucken Messdiener oder den blutjungen Helmut Kohl sehe, muss ich unweigerlich an *ihn* denken. Diese Glutaugen. Das Wuschelhaar. Das trottelige Grinsen. Was *er* jetzt wohl macht?

«Pferde grillen», höre ich im Geiste die Stimme meiner verstorbenen Großmutter und dann ein dreckiges Wiehern.

Was ich an mir nicht mag

Ich bin so grauenhaft vernünftig. Ich bin die, die jede Urlaubsreise ein Jahr im Voraus plant. Ich bin die, die immer im Herbst schwanger wird, damit die Kindergeburtstage im Sommer stattfinden können. Ich bin die, die stets eine Fahrradpumpe dabeihat, auch beim Spazierengehen. Ich bin die, die mit achtzehn schon wusste, wen sie heiratet, und mit vierzig, wo sie beerdigt wird.

Ich habe ein Testament. Ich habe eine Glasbruchversicherung. Ich habe eine rutschfeste Badewannenmatte. Wie gerne würde ich einmal ohne Wannenmatte baden – oh, wäre das kühn! –, wenn ich eine Badezimmerunfallzusatzversicherung hätte.

Ich weiß, wo meine Geburtsurkunde liegt. Ich habe 17 verschiedene Passwörter im Kopf und die PIN meiner Bankkarte, 4531.

Ich bin die, die vor jeder Party immer schon den Schlafanzug ans Fußende des Bettes legt, damit sie ihn im Dunkeln gleich findet.

Ich bin die, die immer Knieschoner trägt, beim Inlineskaten und beim Sex.

Warum ich Schriftstellerin geworden bin, weiß ich auch nicht. Vermutlich wegen der preisgünstigen Künstlersozialversicherung. Ich hätte Verwaltungsfachwirtin werden sollen. Ich hätte Richterin werden müssen! Eine wunderbar akkurate Richterin wäre ich geworden mit schwarzer Robe, hammerhartem Blick und bumshoher Beamtenpension.

Salvador Dalí hielt sich für die Reinkarnation seines Bruders und trug gerne einen Laib Brot als Hut. Oscar Wilde behängte seinen absinthgeschwängerten Körper mit Pelzen und riesigen Seidenschleifen. Ich habe neue Socken im Fünferpack.

Schon als Jugendliche war ich so entsetzlich vernünftig. Vor jeder Abifete steckte ich mir eine kleine Spucktüte in die Innenseite meiner Doc Martens. Vor jedem Rendezvous mit einem Jungen schrieb ich einen gelben Post-it: «Sorry, könnte etwas lauter werden», und klebte ihn in den Flur meines Elternhauses. Mit sechzehn bin ich von zu Hause abgehauen, nach Süddeutschland, an einem Samstag, mit dem «Schönes-Wochenende-Ticket», und am Sonntag wieder zurückgefahren, weil es im Preis mit drin war.

«Ella, wie oft bist du eigentlich von der Schule geflogen?», fragen mich meine Kolleg*innen aus der Humorbranche. Alle Satiriker*innen, Komiker*innen und Cartoonist*innen sind irgendwann mal von der Schule geflogen oder dreimal sitzen geblieben, so wie vermutlich Carolin Kebekus und Heinz Erhardt. Das muss so, das gehört dazu.

Wie gerne wäre auch ich einmal von der Schule geflogen.

«Da ist die TÜR!», höre ich die gestrenge Direktorin durch meine süßesten Träume krakeelen, ehe ich meine frisch gebackene Baskenmütze kompromisslos zurechtrücke und das Schultor passiere, nicht ohne vorher vor die Büste des Schulpatrons Immanuel Kant zu rotzen. Kant, der übrigens auch eher der Typ Verwaltungsfachwirt war. Der vermutlich auch gerne Knieschoner trug.

Leider bin ich nie von der Schule geflogen. Leider, leider hat die Schuldirektorin immer große Stücke auf mich gehalten. Leider bin ich die, die nach der mündlichen Abiturprüfung geweint hat, weil sie nur eine Zwei plus hatte, aber das werde ich niemals jemandem erzählen.

Ich bin die, die immer eine Liste für den Wocheneinkauf schreibt. Eier, Käse, Kartoffeln. Also preisgünstige, schlichte, mittelgroße, marktübliche, vielfältig verwendbare, moderate, stinknormale Scheißdreckskartoffeln zu zivilen Preisen natürlich. Ich bin die, die immer gut gesättigt in den Supermarkt geht, um keine unnützen Dinge zu kaufen. Wie gerne würde ich auch einmal hungrig in den Supermarkt gehen, durch die Regalfluchten promenieren und nur Scheiße kaufen. Richtig geile, irrationale Scheiße! Schokolade mit Chili-Geschmack, drei Liter Absinth und Überraschungseier, obwohl da für 0,89 Euro nur 19 Gramm Schokolade drin ist. Und diese hübschen, topmodernen, verschrumpelten, herrlich geschmacksfreien, lachhaft überteuerten violetten Kartoffeln. Aber immer, wenn ich gerade zugreifen will, ist da dieses innere Teufelchen, in der linken Hand einen Rechenschieber, in der rechten eine Nährwerttabelle, und pfeift mich brutal zurück.

Wie gerne würde ich auch einmal in den Tag hineinleben. Richtig in den Tag hineinslacken und gucken, was passiert. Wie gerne würde ich einmal eine einzelne Briefmarke kaufen, nicht immer gleich im 20er-Set. Mit meiner einzelnen Briefmarke würde ich durch die windigsten Straßen lustwandeln, fassweise Kartoffelschnaps saufen, lila Kartoffelschnaps, oben auf meiner illegal erbauten Dachterrasse ohne städtische Baugenehmigung, und in die Sonne gucken, und zwar geradewegs in die Sonne hinein, obwohl man das ja eigentlich nicht soll. O süße Freiheit! Boheme-Leben total. Wie gerne wäre ich so sorglos und extravagant wie alle meine Künstlerfreund*innen! Sie leben unbeschwert in den Tag, wenn auch ohne Glasbruchversicherung, diese unbedarften Trottel. Wie kurzsichtig kann man sein?

«Kann ich nicht ein Mal, ein einziges Mal ein bisschen weniger vernünftig sein?», frage ich meinen heimlichen Geliebten. Auch mein heimlicher Geliebter ist vernünftig. Berufsschullehrer, Fächer Metalltechnik und EDV. Besonnen hört er mir zu, während er bereits eine neue Rolle Küchenkrepp auf das Nachttischchen des versteckt gelegenen Motels legt.

«Chérie», fragt mein Geliebter zurück, «sag, hast du schon das Zimmer für das nächste Halbjahr gebucht? Bis zu drei Monate im Voraus gibt es Frühbucherrabatt!»

Zärtlich streift er meine Schulter und schlägt vor, wir könnten noch gemeinsam in die Badewanne gehen.

«Ist da eine Rutschmatte drin?», frage ich.

Torfmonster

Heute ist der Tag. Der Tag aller Tage.

«Der Tag, sich zu trauen», erklärt die Kursleiterin mit dem nussbraunen Dutt auf dem Kopf, die sich Bonnie nennt, und lächelt uns der Reihe nach aufmunternd an.

Das hier sei unser ganz persönlicher Raum, unser «Safe Space». Heute seien wir unter uns. Heute könnten wir einmal richtig Gas geben. Heute stünden wir einmal nicht im Schatten irgendwelcher – verächtlich kräuselt Bonnie die Lippen – Y-Chromosomen-Träger. «Anders gesagt: Hallo und herzlich willkommen beim Crashkurs Whisky-Tasting für Frauen!»

Tosender Applaus.

Wir stehen zu zehnt um den Eichenholztisch in dieser düsteren Kellerbar: drei weißhaarige Damen in Strickjacken, ein Trupp Mittfünfzigerinnen mit fliederfarbenen Schirmmützen, die schon jetzt hackedicht scheinen, sowie Lisa, Kirsten und ich.

Man dürfe sich als Frau in Schnapsfragen nicht immer kleinmachen, redet die Kursleiterin weiter. Man dürfe sich und das eigene Fassungsvermögen nicht unterschätzen, niemals. Jahrhundertelang hätten sich Frauen in Whisky-Dingen immer hintenangestellt, doch damit sei jetzt Schluss. Bonnie berichtet von unterdrückten Whiskybrennerinnen im 19. Jahrhundert und benennt die Schnapsvorlieben namhafter Feministinnen von Simone de Beauvoir bis Claudia Roth.

Ob man das Gequatsche nicht etwas abkürzen und einfach gleich lossaufen könne, flüstert meine Freundin Lisa links neben mir. Wenn sie geahnt hätte, dass das so ein verlaberter Feminismus-Grundkurs wird, hätte sie doch lieber «Whisky für Fortgeschrittene» gebucht. Sie brauche diesen ganzen Überbau nicht. Sie sei bereits genug empowered, bis zum Anschlag, aber hallo!

«Pssst», flüstert meine andere Freundin Kirsten rechts neben mir, «also ich find's super.»

Kirsten muss das sagen, der Kurs war ihre Idee. Jeden ersten Mittwoch im Monat machen wir drei etwas Horizonterweiterndes, kulturell Wertvolles zusammen, wobei «kulturell wertvoll» durchaus ein bisschen dehnbar ist. Schon lange hat sie uns in den Ohren gelegen, gemeinsam so ein Tasting zu besuchen, aber in geschütztem Rahmen. Damit niemand der Umstehenden lacht, wenn man plötzlich husten muss oder den Namen dieses einen walisischen Whiskys falsch ausspricht. Wenn Männer dabei sind, hatte Kirsten gesagt, fühle sie sich bei so was immer so gehemmt.

Jetzt steht sie da, nickt und strahlt, als fühle sie sich hier richtig gut abgeholt, als sei dieses inspirierende Whisky-Tasting genau nach ihrem Geschmack.

Ich bin mal wieder die Moderate, kann beide Seiten verstehen. Einerseits finde ich's richtig nett hier, und die Kursleiterin hat eine so angenehm einlullende, verlebte Stimme. Andererseits würde ich auch gerne mal losbechern. Zehn der 120 Kursminuten sind bereits vorbei.

«Und jetzt, meine Damen, jetzt geht es richtig los. Tòiseachadh ag òl, wie die Schottin sagt!»

Feierlich öffnet Bonnie die erste Flasche: ein «Highland Single Malt Scotch Whisky», 42 Prozent. Lisa murmelt ein Halleluja und bekreuzigt sich vor Glück. Wer weggedöst war, wird jetzt wieder munter.

Mit geübter Geste kippt Bonnie jeder Teilnehmerin einen

guten Schluck ins Glas und ordnet an, jetzt ganz behutsam mit dem «Nosing» zu beginnen. Alle führen die Gläser zur Nasenspitze, atmen gewissenhaft ein. Und aus. Und wieder ein. Dann heißt es, das Glas Richtung Lippen zu führen, um die Flüssigkeit zunächst im vorderen Teil des Gaumens zu erschmecken.

Alles klar. Reihum ein gespanntes Nosen und Nippen.

«Und?» Bonnies beflügelnder Blick.

Kirsten hebt beherzt einen Finger und charakterisiert den einzigartigen, spezifischen Geschmack: «Lecker!»

Aus allen Ecken zustimmendes Gemurmel.

«Lecker», wiederholt Bonnie und klatscht in die Hände. «Stark! So herrlich intuitiv, so geradeheraus – sehr gut!» Lecker, ja genau das finde sie auch. «Sonst noch irgendwer?»

Eine der Schirmmützenträgerinnen hebt die Hand. «Nicht. Lecker.» Um ihr unbequemes Urteil zu untermauern, verzieht sie das Gesicht. Neben ihr ebenfalls zustimmendes Gemurmel.

«Wow», sagt Bonnie. Jetzt werde es spannend, jetzt werde es kontrovers. Jeder Whisky polarisiere, das habe guter Alkohol so an sich, anders als etwa diese ekelhafte Ballerbrühe namens Eierlikör. «Sonst noch irgendwer?»

Eine der weißhaarigen Damen, die im mausgrauen Strick, hebt eine Hand. «Holzig», antwortet sie. «Ausbalanciert zwischen fruchtig und würzig. Mit einer leichten Toffeenote und einem Finish von Bitterorange.»

Lisa verdreht die Augen, während Bonnie das Statement der Weißhaarigen leicht korrigiert und sie in ein Streitgespräch über den Würzgehalt verwickelt.

Zweite Runde. Ein «Single Grain Irish Whisky», 43 Prozent.

Ruhig, fast stoisch kippt Lisa die bernsteinfarbene Flüssigkeit hinab in den Schlund. Auch Kirsten nimmt einen

Schluck, lässt das goldene Lebenswasser von einer Wange in die andere gleiten. Dann schnipst sie mit den Fingern, um ein weiteres Fachurteil zu fällen. «Noch leckerer!»

Bonnie reckt einen Daumen nach oben, während die kritische Schirmmützenträgerin in einen Hustenanfall ausbricht und ihren Schluck zurück ins Glas spuckt.

Ja, auch nonverbale Wertungen zählten, sagt Bonnie, die übrigens ganz besonders.

Die weißhaarige Alte hebt eine Hand und referiert von einer feinen Eichennote, flankiert von Vanille, ja, einer beinahe waffelähnlichen Süße, was typisch für gemälzte Gerste sei und auf ein ausgesprochen komplexes Geschmacksprofil schließen lasse, möglicherweise verursacht durch die Kombination verschiedenster Fassarten.

«Streberin», brummt Lisa, während sie unter der Tischplatte versucht, sich unbemerkt nachzuschenken. «Das Schweinchen Schlau hat doch heimlich geübt!»

«Warum nicht», flüstere ich. Auch ich habe zu Hause an verstaubten Flaschen ein leichtes Zirkeltraining absolviert. Hat aber nichts gebracht.

«Wer möchte noch etwas sagen?» Gespannt blickt Bonnie von einer zur anderen. Sucht unsere Blicke. Und findet keinen.

«My dear ladies», sagt Bonnie und stemmt die Hände in die knochigen Hüften, die sich unter ihrem Etuikleid abzeichnen. Es müsse doch kein Expertenurteil sein. Auch das Bauchgefühl zähle. «Vertraut einfach auf eure – ich sag's jetzt einfach ganz pauschal – weibliche Intuition! Wo, wenn nicht hier? Also. Wie wäre es zum Beispiel mit dir! Oder», ihr Blick streift plötzlich mein Gesicht, krallt sich daran fest, «dir?»

Verflucht, jetzt muss ich etwas sagen. Aber was? Muffig, geht mir durch den Kopf. Supermuffig. Subnote Brennspiritus.

Gesamturteil: mittellecker. Einerseits mag ich das nicht sagen, das klingt viel zu banal. Andererseits ist es doch das, was Bonnie betont: Es darf mir nicht zu blöd sein.

«Es darf euch nie, niemals zu blöd sein», verbalisiert Bonnie überraschend meinen Gedanken. «Ihr könnt das», beschwört Bonnie. «Jede ist eine Expertin!», ruft Bonnie. «Befragt eure ureigenen, ganz persönlichen Geschmacksknospen. Horcht tief in eure Gaumen hinein, die Speiseröhre hinab, bis zur fachkundigen Leber und noch weiter. Ganz tief!»

Die Stille wird immer unangenehmer.

Du lieber Himmel, seufzt Bonnie, man dürfe auch mal danebenliegen. Man könne auch mal etwas Unqualifiziertes sagen, richtig dumme Schulmädchenkacke raushauen, totalen Gelegenheitstrinker-Bullshit, egal. «Peinlich gibt's nicht!», sagt Bonnie. «Drinkshaming – nein danke!», skandiert Bonnie. Wir Frauen dürften uns nicht immer mundtot machen lassen von all den großmäuligen «Whisky-Direktoren», «Schnaps-Popes», «Dostojwhiskys» oder wie diese Laberbacken, die in den Onlineforen mit Single-Malt-Klugscheißereien um sich werfen, alle heißen.

Ihre Augen beginnen zu funkeln. Oder sind das whiskybedingt geplatzte Kapillaren?

Zur Auflockerung der angespannten Situation reicht Bonnie eine Schüssel Weißbrot und einen Krug Wasser herum, um sämtliche Geschmacksknospen zu neutralisieren, ehe die dritte Flasche die Runde macht.

«Dies ist ein ... oh nein», schmunzelt Bonnie und verdeckt mit beiden Händen das goldverzierte Etikett. «Diesmal lasse ich euch raten. Was ist das für einer? Wie könnte er heißen? Nur zu!»

Allgemeines Nosen, Nippen und Nachdenken. Und noch mal Nachnippen. Ich schlecke den letzten Tropfen aus meinem Probierglas. Ist das beim Tasting überhaupt erlaubt, grüble ich, als sich bereits jemand vorwagt.

«Vielleicht ein ... ‹Old drinkable yummy yummy delicious Whisky›?»

Es ist natürlich Kirsten.

Die meinungsstarke Schirmmützentante schüttelt entschieden den Kopf, hält mit einem «Not drinkable non-yummy disgusting non-delicious Whisky» drakonisch dagegen.

Dann schraubt sich ein Zeigefinger in die mittlerweile schnapsgeschwängerte Luft. Ich blicke nach oben. Er gehört mir.

Ich melde mich tatsächlich! Ja wann, wenn nicht jetzt? Ich bin Dichterin. Wortgirlanden zu kreieren, aus muffiger Scheiße sprachlich Gold zu machen, das ist mein Terrain. «Ich würde sagen, ein ‹Scottish Double Malt Loch Ness Doodlesack Highland a-lot-of-rain Fuck-Boris-Johnson Whisky›!», trompete ich. Dann blinzele ich in die Runde: Anerkennende Blicke, sogar die weißhaarige Alte nickt. Davon ermuntert, schiebe ich noch hinterher, dieser Höllentrank hier schmecke muffig, ja richtiggehend ledrig, so wie die alte, speckige Ledertasche meines Großvaters, die ich als Kind gern mal mit der Zunge befühlt habe, blubbert es mit einem Mal sorglos aus mir heraus. Frauensaufen, denke ich, das ist ja wirklich herrlich. Das ist wie Frauensauna, wie Matheunterricht nur für Mädchen, wie nachts betrunken auf dem Damenklo: jeder noch so irre Wortbeitrag nur immer freiheraus.

Mit der vierten und fünften Flasche mehren sich die Fachurteile. Immer mehr Kursteilnehmerinnen kommen aus der Deckung. Stellungnahmen werden laut, von «Hammergut» bis «Wo kann man den bestellen?». Kirsten fragt, ob wir den Whisky nicht mit Fanta strecken sollten, dann könnten wir noch mehr kippen. Wir hängen an Bonnies whiskybenetzten Lippen, als sie uns mit dem sechsten Probierglas in die Welt der gälischen Trinksprüche mitnimmt, von «Slàinte mhath» bis «Fuirich àlainn».

«O möge das gottverfluchte England an seinen Pfundnoten ersticken und Schottland zurück in die EU kehren!», kreiert Lisa, die bisher noch gar nichts gesagt hat, irgendwann ihre eigenen Toasts, ehe sämtliche Kursteilnehmerinnen auf die deutsch-schottische Freundschaft anstoßen und sich daranmachen, die Aufschrift der aktuellen Whiskyflasche in einem Stück zu rülpsen.

Trinkt Alice Schwarzer eigentlich Whisky, rauscht es durch meinen Kopf, oder Nancy Faeser? Ursula von der Leyen soll ja überhaupt nicht trinken. Wenn sämtliche Verhandlungspartner*innen in Brüssel betrunken sind, tütet sie eiskalt Deal um Deal ein. Clever eigentlich.

Nach 120 Minuten und drei weiteren Gläsern liegen wir uns alle in den Armen. Lisa verdrückt eine Träne und erklärt, diese ganze Empowerment-Kiste sei doch eine Spitzenidee gewesen. Noch nie habe sie sich so gut gefühlt. Safe Space vom Feinsten!

Bonnie schaut auf ihre Uhr und schluchzt, sie liebe uns alle und wir seien ein Trupp wunderbarer, trinkfester Ladys, ganz im Gegensatz zu diesen stümperhaften Eierlikör-Tanten, die bereits in 10 Minuten zum nächsten Kurs einträfen – ja, auch Likör-Tasting habe sie im Angebot, als Freiberuflerin müsse man ja irgendwie über die Runden kommen, weshalb jetzt leider Feierabend sei.

Jäh torkeln wir die Kellertreppe empor ins Freie, hinaus in den immer noch gleißend hellen Tag. Jetzt heißt's Abschied nehmen. Aber nicht für immer. Wir bleiben verbunden, bis zum Fortgeschrittenen-Kurs, bis in den Tod, in unserer frisch gegründeten Messenger-Gruppe namens «Cùm ag òl», zu Deutsch: «Weitersaufen». Weiter, immer weiter. Bis bald und soraidh an-dràsta!

Nur wir zwei

Frühling! Die ersten Knospen treiben Blüten, in den Gärten und im Kopf meiner Mutter. Frühlingsbluse, Frühlingsfrisur, Veilchen-Deo: Alles an ihr wirkt frühlingshaft, sogar ihr Lächeln. Das verheißt nichts Gutes.

Sie habe in den letzten Tagen ein wenig nachgedacht, sagt meine Mutter, platziert ihren floral gemusterten Rock in meinem Lieblingssessel und greift nach einer Tasse auf dem Wohnzimmertisch. Es ist Sonntag. Jeden Sonntag kommt meine Mutter auf einen Kaffee zu Besuch.

«Ja, nachgedacht», bekräftigt meine Mutter. Über sich. Und nebenbei, sie sieht mich unter ihren getuschten Wimpern bedeutungsschwer an, «auch ein kleines bisschen über dich. Kurz: über uns beide.»

Dann lässt sie die Katze aus dem Sack.

«Wie wäre es, wir machen mal etwas Schönes zu zweit?»

Huch. Den Satz muss ich erst mal verarbeiten. So richtig was zu zweit haben wir schon lange nicht mehr gemacht. Genau genommen noch nie. Meine Mutter hat viele Kinder. Früher, daheim, waren wir eine eher unverbindliche, große Gruppe. Ein richtiger Clan, nur ohne kriminelle Strukturen. Jahrzehntelang haben meine Mutter und ich friedlich aneinander vorbeigelebt, hallo und tschüss, das war ja immer das Gute. Nie haben wir etwas zu zweit unternommen. Kein einträchtiger Einkaufsbummel, keine Frühstückscafé-Ausflüge und nicht die kleinste Fahrradtour. Kann meine Mutter überhaupt Fahrrad fahren?

Kurz, wir machen nie etwas zusammen, außer sonntags

Kaffee trinken, aber nur eine Stunde, und jede kann das Treffen vorzeitig verlassen, wovon wir beide oft und gern Gebrauch machen.

«Was zu zweit», etwas Seltsameres kann ich mir nicht vorstellen. Und dann doch.

«Eine Reise», präzisiert meine Mutter.

Ich verschlucke mich am Kaffee. Oh nein, denke ich. Manche meiner Freundinnen fahren mit ihren Müttern nach Sylt oder, ächz, Florenz.

«Florenz», sagt meine Mutter. «Die Uffizien», schwärmt meine Mutter. «Die Ponte Vecchio», jubiliert meine Mutter. «Ein hübsches Boutique-Hotel in der Stadt, mit Blick auf irgendeine Piazza, einen Palazzo oder Pizzamafialaden, egal!»

Ihr flammender Blick sucht den meinen.

«Das wird vielleicht sehr intensiv», beschwört meine Mutter.

In mir beginnt es zu frösteln.

Meine Mutter und ich, zusammen 24 Stunden am Tag. Im selben Hotelzimmer. Ihre Nähe. Ihr Atem in der Nacht. Ihr Kulturbeutel neben meinem. Ihr kuschelweiches Handtuch neben meinem brettharten. Ihr Organisationstalent. Meine Doofheit.

«Mama, ich habe meine Zahnbürste vergessen, darf ich deine mitbenutzen?»

Ihr aufreizend großzügiger Blick.

Zum Frühstücksbüfett schlappen wir in den gleichen Hotelpuschen.

«Ihr seht ja süß zusammen aus! Seid ihr Schwestern?», wird garantiert niemand fragen und meine Mutter trotzdem später überall herumerzählen.

«Ja, ja, ich weiß», sagt meine Mutter, als könne sie meine

Gedanken lesen, was sie vermutlich auch kann, und versenkt bereits das dritte Würfelzuckerstück in ihrer Kaffeetasse.

Um ehrlich zu sein: Ein wenig Bammel habe sie vor der Sache ja auch. Da müsse man erst mal hineinwachsen. Die erste gemeinsame Reise sei vielleicht schlimm. Also mit hoher Wahrscheinlichkeit schlimm, ja komplett unerträglich. Wir würden uns streiten. Für immer hassen. Schon jetzt, wenn sie nur daran denke. Aber Himmel, sagt meine Mutter und sieht mich an. Man müsse im Leben auch mal etwas wagen. Man müsse auch mal etwas ausprobieren. Alle ihre Freundinnen erzählten andauernd davon, mit ihren Töchtern wegzufahren. Das wolle sie jetzt auch. Ihre Cousine fahre jeden Herbst mit ihrer Tochter weg. Ihre Freundin Bärbel fahre stets über Weihnachten mit ihrer Tochter weg, nennt sie ihre «beste Freundin».

Sie wolle auch eine Tochter als beste Freundin haben. Sie wolle mich auch endlich einmal richtig kennenlernen. Da sei zwischen uns doch noch Luft nach oben. Da ginge noch was. Für eine intensive, vertrauensvolle Mutter-Tochter-Beziehung sei es nie zu spät.

Warum denn auf einmal jetzt?, überlege ich.

«Früher wusstest du nicht mal die Namen meiner Freundinnen», sage ich.

«Du hattest Freundinnen?», fragt meine Mutter.

Ich schaue hinab in die unergründlich schwarze Tiefe meines Kaffees. Ich will nicht, dass meine Mutter meine beste Freundin wird. Ich will nicht, dass meine Mutter überhaupt meine Freundin wird. Auch nicht die zweitbeste. Auch nicht die sechstbeste oder diese eine Notnagel-Freundin, bei der man nur übernachten will, weil ihre Eltern eine Sat-Antenne haben und im Keller eine Kiste Fanta-Mango.

Ich will nicht, dass wir uns einander Geheimnisse anvertrauen.

Ich möchte mit meiner Mutter keine Problemzonen verbalisieren. Ich möchte mit meiner Mutter nicht über unsere Ehemänner lästern, außer über ihren. Ich will nicht, dass wir uns Schlafanzüge kaufen mit der Aufschrift BFF. Ich will, dass wir miteinander so wunderbar distanziert bleiben wie bisher, so kurz vor Siezen. Das 19. Jahrhundert wäre unsere Sache gewesen. «Frau Mutter» hätte ich sie ehrfürchtig genannt und hinter ihrem Rücken mit meiner schnodderigen Amme über ihre Ticks und Macken gefrotzelt.

«Warum nicht klein anfangen», sage ich. «Wie wäre es denn, zum Warmwerden, mit einem gemeinsamen Tagesausflug? Ein Eierlikör-Tortenstück in diesem teuren Café in der Neustadt? Teuer magst du doch.»

Mutter schüttelt den Kopf.

«Eine Woche. Minimum», erklärt sie. Man brauche ja doch erst einmal drei Tage, um sich aneinander zu gewöhnen, ja aufeinander einzutakten, die Körperausdünstungen der anderen zu ignorieren und die nächtlichen Rachenlaute im gemeinsamen Kingsize-Bett.

«Nächsten Monat», sagt meine Mutter und greift nach ihrem Taschenkalender. Im Mai, das habe sie im «Baedeker» gelesen, sei es in Florenz besonders schön. Das Licht. Der Geruch von Lilien und Zitronenblüten.

Im Mai sei es dort ganz sicher brechend voll, sage ich und sehe sie bereits vor meinem geistigen Auge entlangparadieren: all die schnatternden, angetüterten Mütter und Töchter, die Arm in Arm durch Florenz wanken und die besten Plätze in den Weintavernen besetzen, in ihren gleichfarbigen T-Shirts mit der Aufschrift «Ultimativo amicas universale», wie beste Freundin auf Italienisch vermutlich gar nicht heißt.

«Dann eben nicht Florenz», sagt meine Mutter.

Im Entgegenkommen ist sie sonst nicht so gut, aber das hier ist ihr wichtig, das ist zu spüren. «Dann eben Sylt. Ein Wellness-Hotel am Meer. Mit Spa-Bereich. Mit Badelandschaft. Zusammen den Alltag vergessen.»

Oh ja, sie bräuchte ganz dringend eine Auszeit, sagt meine Mutter.

Auszeit von was?, frage ich mich. Seit zehn Jahren ist meine Mutter gemütlich verrentet.

«Hast du überhaupt je schwimmen gelernt?», fragt meine Mutter.

«Ja», sage ich. «Und du standest solange rauchend und mit anderen Müttern quasselnd am Beckenrand», erinnere ich sie an meinen ersten Schwimmkurs.

«Da siehst du's», sagt meine Mutter. Ihr Blick wird auf einmal sehr seidig. «Ich weiß viel zu wenig von dir.»

Dann redet sie weiter, immer weiter, fabuliert von einem Wellness-Angebot mit Entspannungstraining und vertrauensbildenden Übungen. Übung eins: Sich fallen lassen, und die andere fängt einen auf.

«Oder nicht auf», sinniert meine Mutter, das sei ja gerade das Spannende. Ehe uns gegen Ende des Tages vier blutjunge Thai-Masseure auf einer Sänfte vom Spa-Bereich Richtung Hotelzimmer tragen – ohne dass wir uns streiten, wer vorne sitzen darf.

Okay, der letzte Punkt sei vielleicht etwas unrealistisch, sagt Mutter, aber sonst wäre es doch ideal.

«Ich weiß nicht», sage ich.

«Da kann man Shampoo-Fläschchen klauen», sagt Mutter.

Sie kennt meine Schwachstellen.

«Da gibt es im Hotelzimmer einen Minikühlschrank und eine Prosecco-Flasche gratis.»

Ob man noch ein paar Flaschen nachordern könne, frage ich und spüre, wie in mir auf einmal der Widerstand bröckelt.

«Na klar», sagt Mutter. «Wir könnten uns betrinken», ruft Mutter, hüpft beinahe aus dem Sessel vor Elan.

Da fällt mir etwas ein.

Was das denn alles überhaupt koste, wende ich ein. Jetzt bin ich wieder die Coole. Solche imperialen Spa-Trusts seien doch überhaupt nicht meine Welt. Da ginge das Geld an die Falschen. Da gäbe es doch auch diese preisgünstigen Mutter-Kind-Heime an der Küste, von den Krankenkassen finanziert. Ob man da auch mit erwachsenen Kindern hinkönne?

Meine Mutter winkt ab. Sie wolle unbedingt ein schickes Ambiente. Einen gediegenen Rahmen für dieses – sie sucht nach den richtigen Worten – dieses eine, große «zwischenmenschliche Experiment». Und nicht so eine gut gemeinte Sozi-Baracke mit Gesamtschul-Feeling.

Da fällt mir noch etwas ein.

«Warum machst du nicht einfach eine Gruppenfahrt für gealterte Frauen in der Krise, organisiert von Studiosus oder der FAZ?», erkundige ich mich. «Warum fragst du eigentlich nicht Hanne?»

Hanne ist meine Schwester.

Ach, ach, seufzt meine Mutter, die arme Hanne. Der Hanne täte es schrecklich leid, aber sie habe leider keine Zeit. Die vielen Deadlines. Sie sei beruflich zu stark eingespannt, so die nächsten drei bis zehn Jahre. «Ganz anders als du», urteilt meine Mutter.

Bei mir gäbe es ja keine Deadlines, außer die meiner Satirezeitschrift und meiner Fruchtbarkeit.

«Oder ein Achtsamkeits-Seminar an der Schlei», lässt meine Mutter einfach nicht locker. «Wo man vorne am Empfang sein Handy abgeben muss. Ein knuffiges Kloster. Mit

Schweigegelübde.» Dann müssen wir uns auch nicht so viel unterhalten.

«Herrgott, dann schmuggel halt dein Handy mit in die Abtei», sagt meine Mutter. «Dann lade dir halt vorher ein paar Handyspiele drauf», schlägt sie vor, nun schon etwas erschöpft. «Dann suchst du halt das Ziel aus. Dann entscheide du!»

Sorgsam denke ich nach.

«Hallig Gröde», sage ich kalt und denke an diese eine trostlose Schmodderinsel in der Nordsee, auf der kein Mensch je wohnen will, auch nicht die 12 amtlich gemeldeten Gröder.

«Gebucht», sagt Mutter. «Aber mit Kingsize-Bett. Und Sat-Antenne.» Ah, sie sähe das spannungsreiche Wechselspiel der Gezeiten bereits vor sich. Sie könne den Urlaub bereits erschnuppern. Den Geruch von Salzwasser, Seetang, Tod und Verwesung. Und sei Schlick nicht am Ende auch irgendwie gut für die Haut?

«Vergiss deine Zahnbürste nicht», ermahnt mich meine Mutter und trinkt voller Vorfreude ihren kalten Kaffee auf ex.

Schieß doch

«Ja, schieß doch! Schieß, du Dumpfbacke!», ruft Onkel Bernhard und wischt sich mit der einen Hand ein paar Schweißtropfen von der Stirn. Mit der anderen schaufelt er einen Berg Spargel-Risotto blind in sich hinein. Ich bin bei meinem Onkel zum Abendessen eingeladen. Wir sitzen zu zweit vor dem Fernseher, die Reisteller auf den Knien.

Das hier ist wichtig, sagt Onkel Bernhard. Das hier dürfe niemand verpassen, erklärt Onkel Bernhard. Das hier ist das Champions-League-Halbfinale. Der Frauen.

Seit ein, zwei Jahren ist mein Onkel Feminist.

«Seit ein, zwei Jahren bin ich Feminist», tönt mein Onkel jedes Mal erhobenen Hauptes, wenn er sich bei SportScheck nach Fanartikeln aus dem Produktsegment Frauenfußball erkundigt. Jetzt aber sitzt er weniger aufrecht auf dem Sofa, eher vornübergebeugt. Halb hängt er auf dem Teppich.

«Jetzt schnapp dir doch den Ball, du Vollpfosten!», ruft er einer Mittelfeldspielerin des VFL Wolfsburg zu. «Da liegt er, da-haa! Wie trantütig kann man sein?»

Sorry, sagt mein Onkel, aber das nähme ihn alles immer ganz schön mit. Null zu vier! «Die Wolfsburgerinnen sind ganz schön im Rückstand», erläutert er mir die Sachlage. Die müssten jetzt langsam mal aus der Deckung kommen, wollten sie nicht gegen die übermächtigen Arschgeigen aus Barcelona verlieren. Da ergattert Wolfsburg den Ball.

«Jaa, schön! Endlich!», freut sich mein Onkel. «Ran da, ran da, ran da! Über die Flanken! Hab ich's doch gesagt! Uuuuuund

Tooor! Eins zu vier! Der Anschlusstreffer! Wir können das Ding noch drehen!»

«Wer wir?», frage ich.

«Wir Wölfinnen», sagt Onkel Bernhard. «Ja, läuft doch», strahlt er und knufft mir gegen die Schulter. «Spannend, was?»

«Du weißt doch», erinnere ich ihn, «dass mich Fußball im Besonderen und Sport im Allgemeinen, ja körperliche Aktivität jeder Art kein bisschen interessiert.»

Onkel Bernhard winkt ab. Natürlich interessiere mich das.

«Alle Frauen interessieren sich für Frauenfußball», sagt er und stochert mit der Gabel im längst erkalteten Reis. Das muss so, das gehöre dazu. Weil dieser Ballsport in unserer westlichen Welt nun mal einen so übergroßen Stellenwert habe, ja ein elementarer Bestandteil unserer Leitkultur sei – kurz, so ein gesellschaftliches Macht- und Repräsentationsdings, bei dem Frauen viel sichtbarer sein müssten: viel, viel sichtbarer, auch in den Sportergebnissen der «Tagesschau», wofür er übrigens schon seit Monaten in Brandbriefen an diesen Pascha Jens Riewa kämpfe, denn ... «Schon wieder den Ball verloren!», heult mein Onkel auf. «Lauffaule Saubande! Was ist denn das für eine Spielmoral?»

Als ob sie am Ende gar nicht gewinnen wollen, grübelt mein Onkel. Als ob sie sich den Sieg gar nicht zutrauen. Ja, wenn sie nicht nach ganz oben wollen, wenn sie lieber in Teilzeit bisschen rumbolzen wollen – bitte, bitte!

«Ach komm», sage ich, «die spielen doch gut.»

Onkel Bernhard nickt. «Sie spielen gut», sagt er, «sie spielen fantastisch! Also die Gegnerinnen, aber nicht diese grün-weißen Flachpfeifen da, vor allem nicht diese sogenannte Torjägerin, diese Schwachmatin hoch zehn!»

«Aber nur, weil da vorne keine Bälle ankommen», sage ich. Ich betrachte den roten Kopf der Stürmerin, ihren triefnassen

Pferdeschwanz. Wie erschöpft sie aussieht, wie abgekämpft. Beinahe so wie mein Onkel.

«Die Arme», sage ich. «Die tut doch ihr Bestes. Die kann doch nichts dafür.»

«Nichts dafür?», höhnt Onkel Bernhard. «Das Mädel verkackt doch alles! Der Ball da war so lasch geschossen, den konnte man unterwegs noch aufpumpen. Welche Trikotnummer hat die noch mal? Die Null?»

Ich weiß nicht, sage ich. Ich fände seine Wortwahl ein Tickchen zu aggressiv.

«Soso», sagt mein Onkel und zieht beide Augenbrauenbüschel so rasch nach oben, als habe er auf meinen Einwand bereits gewartet. «Nur weil sie eine Frau ist?»

Natürlich könne man mit Fußballerinnen so sprechen, sagt Onkel Bernhard. Natürlich müsse man mit Fußballerinnen so sprechen, die brauchen das. Nur so zolle er jeder Spielerin den vollsten sportlichen Respekt. Jeder Mensch müsse seinen fairen Anteil an Beleidigungen und Arschtritten erhalten. Jede Randgruppe habe das Recht, dass man sie beschimpfe. Er sei nun mal Vollblut-Feminist ohne Wenn und Aber, und das bedeute: Vor Gott und ihm, Dr. Bernhard Hansen, sind alle Menschen gleich.

Ja, wie solle er denn sonst mit ihnen sprechen, fragt mein Onkel. Solle er die Spielerinnen mit Samthandschuhen anfassen, ihnen in die Trainingsjacke helfen und anderen Gentleman-Scheiß und am Ende noch galante Komplimente machen: «Sehr gut, meine Damen! Prima, meine Damen! Trabt nur weiter so über das Spielfeld, Myladys, der Weg ist das Ziel»?

Der Weg ist überhaupt nicht das Ziel, ist es nie gewesen. Diese Tranfunzeln da vorne müssten eben mal richtig Gas geben. Mehr Wettbewerb, so lautet die Devise, auch für Frauen, sonst werde das mit den Vorstandsetagen nie etwas.

«Pfff, zu aggressiv», sagt mein Onkel und verschränkt die Arme. Dann sage er eben gar nichts mehr. Außer dass diese Stümperin rechts außen endlich mal die Pille abgeben soll!

«Wofür kriegt die denn ihre Millionen?», ruft mein Onkel. «Ja gut, nicht Millionen», schiebt er nach, «eher ein paar Tausende. Na ja, so eins fünf netto werden es am Monatsende schon sein. Und warum ist im Mittelfeld wieder niemand am Ball?» Onkel Bernhard rauft sich das silbergraue Haar. «Da ist doch die Tretpflaume! Da!»

«Onkel Bernhard», sage ich.

«Ja», sagt mein Onkel.

«Du fluchst wie beim Fußballgucken zu Zeiten von Berti Vogts.»

«Die spielen ja auch wie unter Berti Vogts», pariert er, «Stichwort Gurkentruppe. Der reinste Standfußball. Mein Gott, spielen die verboten! Kein Wunder, dass Frauenfußball bis 1970 rechtswidrig war.»

Onkel Bernhard schlägt sich die Hand vor den Mund, blinzelt mich an. Upsa, das sei jetzt aber vielleicht doch etwas deplatziert gewesen. Aber immerhin, das sei wichtig, nicht ohne anschließende kritische Reflexion. Herrje, er könne nun mal nicht sein ganzes Tun und Denken von heute auf morgen ändern.

«Gib mir Zeit», bittet Onkel Bernhard, «und gib mir ein Bierchen. Das große da», ohne das werde er dieses Armageddon, diese hispanische Schmach niemals überstehen.

Ja, er sei hier und da vielleicht noch ein bisschen Restsexist, aber immerhin weniger als alle seine Kollegen. Haha, die seien vielleicht von gestern! Die guckten Männerfußball. Männerfußball könne man doch heute gar nicht mehr gucken, der sei doch durch Geld, Kreuzbandrisse und rührselige Netflix-Biopics komplett korrumpiert. Vor allem die Kollegen von der Ärztekammer würden andauernd über sein neues Hobby frotzeln. «Machen die Mädels am Ende auch Trikottausch?», sabberten die. Obwohl er das auch gern mal wüsste! «Das ist doch gar kein richtiger Fußball», blubberten diese Sport-Chauvinisten, diese Frauenhasser, zu denen er auch demnächst überlaufe, wenn Wolfsburg das Ding hier weiterhin so verbockt.

Und natürlich hätten die Kollegen auch ein wenig recht, konstatiert Onkel Bernhard und lässt seinen massigen Leib zurück ins Sofakissen plumpsen. «Natürlich kicken Frauen anders als Männer. Sie haben eben», na, wie solle er das jetzt sagen, «kürzere Beinchen und Füßchen. Alles an ihnen ist etwas kleiner und ... puppiger. Zartgliedriger. Und dann diese ewige Laufbarriere da vorn unterm Trikot-Leibchen, diese, äh, Hügelchen.»

Puh, sage ich, das sei jetzt aber doch etwas unangenehm, wie er über die Körper der Spielerinnen rede.

Iwo, sagt Onkel Bernhard. Über die Körper männlicher Spieler werde auch geredet. Die Wade der Nation, die Hand Gottes, die krummen Beinchen von Pierre Littbarski, der Waschbrettbauch von David Beckham. Und ob ich mich noch an den Effe-Finger von 1994 erinnere? Diese Mittelfinger-Geste sei doch am Ende auch eher phallisch interpretiert worden.

«Ja, und hast du als junges Ding nicht für diesen nordischen Hünen Carsten Jancker geschwärmt, als der mit nacktem Oberkörper über das Spielfeld gegockelt ist?», lacht mein Onkel. «Hehe, das warst doch du!»

«Onkel Bernhard», sage ich.

«Ja», sagt mein Onkel.

«Warum gehst du eigentlich nie ins Stadion?», versuche ich, das Gespräch in eine angenehmere Richtung zu lenken.

Mein Onkel schüttelt den Kopf.

Nee, nee, da würde er nur durchdrehen, herumrandalieren, mit Bratwürsten und bengalischem Feuer um sich werfen. Da würde er sich sofort den Ultras anschließen. Da könne er für nichts garantieren. Dafür sei ihm das zu wichtig. Dafür sei das alles viel zu intensiv!

Onkel Bernhard klaubt ein paar Reiskörner vom Teppichboden auf – und zuckt plötzlich zusammen. «Echt jetzt? Die Tapas-Fresserinnen kriegen den Elfmeter? Ich komm da gleich mal hin da!»

«Wohin, in die Damendusche?», will ich fragen, aber da brüllt sich Onkel Bernhard im Angesicht des nun folgenden Strafstoßes bereits ins Delirium.

«Eins zu fünf!», wimmert er in den katalanischen Torjubel hinein und malträtiert mit beiden Fäusten das Sofakissen, minutenlang. Bis zum Abpfiff.

Am Ende lege ich eine Hand auf seine nassgeschwitzte Schulter.

«Das tut mir leid, dass ihr jetzt rausgeflogen seid», sage ich.

«Wieso rausgeflogen?», entgegnet Onkel Bernhard und richtet sich wieder auf. «Das war doch nur das Hinspiel.»

Übernächsten Samstag sei die Revanche. Die Vergeltung, die ultimative Blutrache, zu der er gerne eine Steinpilz-Lasagne kredenze. «Oder magst du lieber Pfifferlinge?»

Da werde dann eben haushoch gewonnen. Da werde dann eben mal gezaubert, hinterfotzig getrickst, oder wie wir Mädels es so machten. Ja, er glaube an seine Wölfinnen, sagt Onkel Bernhard und legt eine Hand wie zum Schwur auf seine Brust. Einmal Wölfin, immer Wölfin, da gebe es kein Zurück. Und er werde sie jetzt mal ein bisschen aufmöbeln, das sei wichtig.

Die brauchten das. Die bettelten danach, sagt mein Onkel und stellt sich kerzengerade auf den Teppich, umfasst mit beiden Händen seinen grün-weißen Schal. Und während er das Vereinslied schmettert («Grün und Weiß sind die schönen Farben, die wir in unseren Herzen tragen»), entfliehe ich Richtung Klo.

Das Bett

Mein Mann läuft pfeifend über den Flur, denn er hat auf einer Internetplattform für gebrauchte Dinge ein neues Bett gefunden. Ein schönes Designerbett. Ein teures Designerbett. Also ursprünglich: jetzt gebraucht für ein Fünftel des Neupreises.

«Das beste Bett der Welt», erklärt mein Mann. «Das herrlichste Bett der Welt. Zum Schnäppchenpreis!»

Er kniet vor mir, hält meine Hände, in den sonst so kühlen Augen ein irres Glitzern.

«Wir haben doch eins», sage ich und denke zärtlich an das Sperrmüllgestell, das uns seit zwölf Jahren zuverlässig durch die Nächte trägt.

Dieses Bett sei etwas ganz anderes, sagt mein Mann. Es sei aus Massivholz. Naturholz. Holz in seiner ursprünglichen Form und Schönheit. Zirbe ungeölt.

«Das ist kein Argument», sage ich.

«Die gegenläufig gerundeten Bettseiten», fachsimpelt mein Mann, «vereinen sich an den Ecken zu einer eleganten S-Linie.»

Seine Hände wedeln durch die Luft wie der Körper einer Schlange.

Das ist auch kein Argument.

«Durch die eingerückten Kufen sieht es aus, als ob es schwebt», sagt mein Mann.

Das ist ein Argument. Ein schwebendes Bett! Schon fühle ich mich so schwerelos wie ein frisch vermähltes Elfenpaar, wie Aladdin und Jasmin auf dem fliegenden Teppich, frei von Raum und Zeit, geradewegs der gleißenden, rotgoldenen Sonne entgegen.

Hamburg-Harvestehude, fünf Stunden später: Nieselregen. Der Himmel ist grau wie die Gründerzeitvilla, in deren Hausflur wir stehen. Eine mittelalte Frau öffnet die Wohnungstür. Hochgestecktes, dunkles Haar, durch das hier und da eine silbergraue Strähne blitzt. Etuirock, Seidenbluse: Typ Werbekauffrau mit Hang zu Depressionen.

«Ah, pünktlich auf die Minute! Ihr kommt wegen des Bettes, oder?», lächelt Kleopatra123, wie sie sich in der Onlineanzeige nennt, und winkt uns in den Flur.

Umzugskisten stehen herum, an der Wand lehnt ein halb abgebautes Regal. Einzug oder Auszug? Das ist ja immer das Spannende. Diese kribbelnde Intimität, diese unerhörte Nähe, wenn man bei Privatkäufen fremde Wohnungen betritt. Darum macht man das Ganze doch.

Kleopatra geleitet uns in einen Raum, der wohl das Schlafzimmer ist. Oder war? Da steht es. Das Bett. Mein Mann kann einen Seufzer der Verzückung nicht unterdrücken. Ich schon. Ohne Matratze sieht es ein bisschen kümmerlich aus, irgendwie nackt, schutzlos, die hölzernen Latten wie ein trauriges Gerippe, das Skelett eines gestrandeten Wals.

«Ein schönes Bett», sagt Kleopatra. «Ein herrliches Bett. Naturholz», haucht Kleopatra.

«Naturholz», echot mein Mann und hüpft um das Gestell, während ich mich ein wenig umschaue. Auch in diesem Raum stehen zwei Umzugskartons, von einer Stehlampe und einem leeren Kleiderschrank flankiert.

Durch die naturbelassene, offenporige Oberfläche, erklärt Kleopatra, komme der Ursprungscharakter des Holzes besonders zur Geltung. «Sehen Sie die starken Maserungen und die feinen Astansätze?», fragt sie und fährt mit der Hand über eine der Ecken, ganz sacht.

«Ich sehe es», jubelt mein Mann.

«Super, echt», murmle auch ich, während ich in einem der Kartons ein paar Bücher erspähe. Reflexartig versuche ich, die Titel zu entziffern. Irgendetwas über Bäume, «Unnützes Wissen für Potter-Fans» und da, ein blassroter Umschlag. Titel: «Orgasmus und Super-Orgasmus». Das bringt mich ins Grübeln. Wo ist denn da der Unterschied? Wo fängt das eine an und hört das andere auf? Und gibt es auch Abstufungen nach unten? Gibt es auch Geht-so- und Nicht-so-super-Orgasmen?

Eine Weile noch stehen wir zu dritt um das Bett herum, dann beugen wir uns hinab, um auf Knien die versteckten Kufen zu bestaunen.

«Das ist noch echte Handwerkskunst», betont Kleopatra. «Sehen Sie hier? Gedrechselt aus einem Stück.»

«Tachchen, alle miteinander!»

Eine tiefe Stimme erfüllt auf einmal den Raum. Wir krabbeln unter dem Bett hervor. Ein Mann steht in der Zimmertür. Kurze graue Locken, kariertes Halbarmhemd: Typ Bauingenieur in Freizeitlaune.

«Einen wunderschönen guten Tag», strahlt der Mann, der sich als Karsten vorstellt.

«Ja, das Bett», sagt Karsten und lächelt von einem zum anderen. «Ein tolles Bett. Ein fantastisches Bett!»

Da müsse er uns erst mal gratulieren zu unserem erstklassigen Geschmack. Da hätten wir eine hervorragende Wahl getroffen. Naturholz. Gedrechselt aus einem Stück.

«Da kann man schon einen halben Tag darin verbringen. Ach was, Jahre! Kurz: die perfekte Liebeshöhle», zwinkert Karsten, wenn er unsere «kleine zwischenmenschliche Kon-

stellation hier» richtig interpretiere. Darin könnte man sich wahrlich austoben. Darin könne man sich hin und her wälzen.
 Allein, zu zweit, oder was so unsere Präferenz sei.

Kleopatra hat schon länger nichts mehr gesagt. Ihr Gesicht jetzt so teilnahmslos, so unergründlich wie das dieser lebenden Standbilder in der Fußgängerzone. Die echte Kleopatra soll ja vom Typ her auch eher reserviert gewesen sein.

Ja, also, die Eckverarbeitung sei wirklich erstklassig gemacht, wirft mein Mann in die Runde und betrachtet noch immer eingehend das Bettgestell. Karsten nickt.

«Oh, was haben wir dieses Bett geliebt», sagt Karsten. «Was hatte dieses Bett für großartige Zeiten.»

«Gehabt», sagt Kleopatra.

Die nächsten drei, vier Sekunden ist es ein Tickchen zu still.

Mein Mann beugt sich noch tiefer über das Bett, um alle Ecken und Kanten noch einmal zu begutachten.

Auch ich begucke das Holzgerippe, ob dort irgendwo etwas eingeritzt ist, die Silhouette eines Herzens oder ein Marterkreuz. Die Astlöcher starren mich an wie sehr, sehr traurige Augen.

Jetzt muss man etwas sagen, da kommt man nicht drum herum.

«Ähm», sage ich. «Das ist ja nicht so toll.»

«Doch», sagt Kleopatra.

Unter dem Bett ein Räuspern. Ob eigentlich noch die Originalrechnung vorhanden sei, erkundigt sich mein Mann, und ich danke ihm im Stillen für seine obsessive Sachbezogenheit.

«Es ist noch frisch», sagt Karsten. «Carola hat mich verlassen.»

«An dem Bett lag das aber natürlich nicht», wirft Carola ein, die mit diesem Namen leider komplett entzaubert ist. «Ja, das Bett ist super. Damit werdet ihr viel Freude haben.»

«So wie wir», sagt Karsten. «Viele Jahre lang», schiebt er etwas leiser hinterher.

An der Fußseite des Bettes stehend, beugt er sich über das Gestell, als wolle er sich noch ein Mal, ein letztes Mal darauflegen. Die Nasenspitze zwischen die Holzbretter stecken, ganz tief. Noch ein Mal, ein letztes Mal wie Aladdin und Jasmin über den Wolken schweben. Höher, immer höher, bis zu den Sternen und noch weiter.

«Dieses herrliche, einzigartige Bett», sagt Karsten. «Dieses gut gearbeitete, geliebte, vertraute, gottverfluchte Bett!»

Er kniet nieder, umfasst mit beiden Händen das Holz. Umklammert es. So fest, dass ich mich frage, ob es jetzt überhaupt noch atmen kann.

«Holz lebt», sagt Karsten. «Holz kommuniziert», sagt Karsten. Jedes Holz erzähle eine Geschichte. Als Architekt und gelernter Tischler müsse er das wissen. «Holz vergisst nicht!», ruft Karsten ein bisschen zu laut. Seine Hand saust Richtung Lattenrost und stoppt kurz vorher ab.

«Übrigens, eine Latte ist leicht angebrochen», schiebt Karsten hinterher und zeigt auf eine mit Gaffatape geklebte Stelle.

Kein Wunder, sagt er und lächelt elegisch: Das Bett habe eben manchmal ganz schön was aushalten müssen, wenn wir verstünden, was er meine.

«Weißt du noch?», fragt Karsten.

«Nein», sagt Carola.

«Tja. Erst ist eine Latte zerbrochen, dann die ganze Ehe», schmunzelt Karsten über sein Wortspiel.

«Sie hat jetzt ein neues Bett. Ein noch breiteres Bett», informiert uns Karsten, jetzt ohne Lächeln. «200 Zentimeter. Für sich und ihren ach so breitschultrigen Bumsfreund!»

Jetzt muss man wieder etwas sagen.

«Na dann: gekauft», sage ich. «Wir nehmen es.»

«Sachte, sachte», sagt Karsten. «Einfach so?» Sie hätten doch «Verhandlungsbasis» dazugeschrieben. Ja, ob wir denn gar nicht feilschen wollten? Das sei doch immer das Schönste. Darum mache man das Ganze doch. Er könnte uns so lange einen schönen Espresso Double machen, die Maschine sei noch da.

«Nicht nötig», sage ich schnell. «Der Preis ist super», sage ich. «Wir haben eh zu viel Geld», lüge ich.

«Na dann», sagt Karsten. Dann gehöre diese kleine Liebesfalle jetzt eben uns. Dann sei es jetzt gewissermaßen bereit für eine zweite Runde. Oder ob noch Fragen offen seien?

Ich linse zu dem erdbeerroten Buchumschlag. Wie gerne würde ich in Erfahrung bringen, was denn jetzt der Unterschied ...

Karsten verfolgt meinen Blick.

«Ah, und wollt ihr noch eins von den Büchern? Die stellen wir sonst an die Straße.»

Beherzt greife ich zu.

Carola lässt die drei Geldscheine verschwinden und entfernt sich grüßend ins Nebenzimmer. Karsten hilft, das Bettgestell hochkant zu stemmen und vorsichtig durch den breiten Hausflur zum Kleintransporter zu tragen.

Nach 30 Minuten ist alles verstaut. Zu dritt stehen wir noch eine Weile auf dem Bürgersteig.

«War schön, mit euch zu plaudern», sagt Karsten. «Sehr schön sogar. Na dann – alles Gute für euch zwei, mit diesem», er zwinkert uns zu, «mit diesem Liebesnest, mit dieser Lasterhöhle. Möget ihr ...», Karsten sucht nach Worten, dann sagt er feierlich: «Möget ihr beiden zusammen die schönste Liebesgeschichte schreiben, die die Welt je gehört hat!»

«Danke, das klingt nach einem guten Omen», sage ich.

«Stand auf unserer Hochzeitskarte», sagt er.

«Na dann. Alles Gute auch für dich», sage ich.

Das, sagt Karsten, könne er sehr, sehr gut gebrauchen, sagt er und schlappt gesenkten Hauptes zurück ins Haus.

Zu zweit stehen wir noch eine Weile auf dem Bürgersteig.

«300 Euro, ein Knallerpreis!» Mein Mann knufft mir in die Seite.

«Ich weiß nicht», sage ich. Ob das wirklich die richtige Entscheidung war?

«Wieso denn?», fragt mein Mann.

Na, ob das Bett wirklich ein gutes Karma hat, sage ich. All die Blessuren, Verletzungen, der Firnis der Verzweiflung, das sei doch alles schon ganz schön deprimierend und ganz schön intim. «Ich meine, sie hatten Sex darin», sage ich.

«Aber nicht auf dem Lattenrost», sagt mein Mann, und das ist auch wieder wahr.

Dann kommt mir eine Idee.

«Wir könnten es überlackieren», sage ich.

«Naturholz ÜBERLACKIEREN?», ruft mein Mann und tippt sich an die Stirn. Jetzt wird er doch noch emotional.

Eines brennt mir noch auf den Lippen.

«Sag mal, weißt du eigentlich, was ein Super-Orgasmus ist?», frage ich.

«Nö, keinen Schimmer», sagt mein Mann. «Dreihundert Euro, was für ein Schnapper!», freut er sich, klettert auf den Fahrersitz des Transporters und lässt den Motor an.

Tut mir leid

Nennt mich aufgeblasen, nennt mich oberflächlich, aber Männer über vierzig sind einfach nicht mein Ding.

Wie sie aussehen. Ihre Augen. Ihre Hände. Die Adern auf ihren Handrücken. Die Tränensäcke. Der gebückte Gang. Die Haut: ledern wie alte Straußenhaut, wellig wie eine schlaffe Luftmatratze. Und die Ohren! Okay, nicht die Ohren, die Ohren sind eigentlich noch ganz gut. Manche Ohren sind sogar noch richtig attraktiv, so wie die eines 25-jährigen Beaus, aber aus den Ohren wuchern immer büschelweise Haare.

Wie sie gucken. Wie sie essen. Wie sie gehen. In ihren braunen Wildledersandalen schlappen sie umher und murmeln «Riester-Rente» oder «Lebenskrise». Ihre Vorbilder sind Jan Josef Liefers, Ned Flanders oder Dirk Rossmann.

Männer über vierzig legen beim Scrabbeln Wörter wie «Vorsorgeuntersuchungsbonusheft» oder «Prostatahyperplasie».

Männer über vierzig wollen nicht mehr viel vom Leben, außer ein Jochen-Schweizer-Abenteuerseminar, aber nur Level Medium. Und Frauen um die dreißig wollen sie natürlich auch, Stichwort Taylor Swift. Wie größenwahnsinnig kann man sein?

Männer über vierzig stehen dauernd ziellos irgendwo herum, mit ihren gut gearbeiteten Gleitsichtbrillen. Mit ihren Eiswürfelmaschinen, Kaffeevollautomaten, Steakmessern, Tischstaubsaugern und Grundsteuerformularen. Mit ihren Rassehunden. Aber nur bestimmte Hunde, die zu Männern über vierzig optimal passen, Windhunde oder Weimaraner. Mit ihren Amazon-Wunschlisten voller Gasgrills,

Whiskykaraffen, Weinkühlschränken und handgenähten Tabakbeuteln, auch wenn sie gar nicht rauchen.

Und die Gespräche! Oh Gott, die Gespräche sind wirklich schlimm. Männer über vierzig reden von der neuen Keith-Richards-Biografie, wo man sich am besten die Augen lasern lassen kann und darüber, wie es ist, über vierzig zu sein. Und von Radtouren im fränkischen Altmühltal. Sorry, aber wer von Radtouren im fränkischen Altmühltal redet, ist für mich als Sexualpartner komplett indiskutabel.

Männer über vierzig klagen oft über Muskelkater, nach dem Speedminton und nach dem Sex.

Männer über vierzig fühlen sich oft unsichtbar, was sie leider auch sind.

Manche sind echt lieb, keine Frage. Um manche tut es mir fast leid. Männer über vierzig haben es eh schon nicht leicht. Für Junggesellenkomödien und Samenspenden werden sie nicht mehr gebucht. Wie verloren sie an der Bushaltestelle stehen, und wieder kommt kein Bus. Wie unsicher sie zu dir hochgucken, dürstend nach Liebe und gutem, aber preiswertem Gin.

Klar, es gibt auch tolle Männer über vierzig. Mit silbergrauen Haaren und interessanten Falten. Selbstbewusste, humorvolle Männer, die mit beiden Beinen im Leben stehen, die irgendwie «von innen leuchten», auch wenn mir noch nie einer begegnet ist.

Was soll man machen. Männer über vierzig sind einfach komplett durch. Ich glaube, das liegt an ihren degenerierten Spermien. Ab vierzig sind die Spermien der Männer so reaktionsarm wie ihr Blick. Ihr Blick ist immer so furchtbar phlegmatisch, da geht echt gar nichts mehr.

Ganz anders: Männer unter dreißig. Da ist die Haut noch frisch und seidig. Männer unter dreißig haben so viele Träume.

Die haben noch Ziele. Die wollen noch etwas vom Leben. Dieses freche Funkeln in ihren Augen, wenn sie etwas Schönes, Begehrenswertes sehen, zum Beispiel mich.

Grüße aus der rollenden Gruft

Wer etwas über Menschen erfahren will, kann sich sämtliche Bücher von Yuval Noah Harari kaufen oder eine Fahrt im Nachtzug buchen, das ist preislich dasselbe. Am schönsten ist es im Sechser-Sitzabteil: finster und geräumig wie eine Familiengruft, und genauso ist die Stimmung. Die Heizung muss defekt sein oder auf Anschlag bollern, um die allgemeine Aggressivität noch weiter zu befeuern, bis zum Morgengrauen, bis die Sonne durchs trübe Fenster blinzelt und der lattenstramme Schaffner in der Tür steht.

Man muss nur still und eingezwängt dasitzen und dem Leben seine Dialoge ablauschen. Es ist wie eine Mitfahrgelegenheit: Menschen, bunt und brutal zusammengewürfelt und doch zugleich ein intimes Kammerspiel mit wiederkehrendem Ensemble: Da ist die systemkritische, ewig abgebrannte Abiturientin mit dem nachlässig hochgezwirbelten Dutt; da ist der lebensmüde Schnauzbartträger mittleren Alters und die Rentnerin mit den im Dämmerlicht aufblitzenden Goldplomben, die die ganze Nacht ihre Handtasche geräuschvoll auf- und zuklappt, aus Sorge um ihre Wertsachen und blankem Menschenhass. Und der Schaffner mit dem drolligen Dialekt, der «Fahrkarteln» oder «Kolatschen» sagt. Dabei schiebt er ein Wägelchen mit Produkten für den nächtlichen Bedarf vor sich her – Einwegzahnbürsten, Ohropax, Narkoleptika, Wiener Zirbengeist –, aber nur in meiner Fantasie. Hier muss ich erwähnen: Die Deutsche Bahn hat ihre Nachtzüge schon vor Jahren aufgegeben, aber die österreichische ÖBB fährt edelmütig auch durch unser Land.

Klar, es gibt auch richtige Schlafwagen, mit Kronleuchtern, 5G-Netz, Gratis-Paradeiserschnaps und französischen Balkonen, aber die kosten das Hundertfache. Die Sitzabteile sind die Holzklasse fürs Lumpenproletariat, den gesellschaftlichen Rest: FH-Student*innen, Lieferando-Fahrer*innen, Hebammen unter der Armutsgrenze und mich.

Letzten Herbst fuhr ich wieder von Frankfurt am Main nach Hamburg. Mit mir im Abteil: eine junge Frau mit hochgebundenen Filzlocken und «Fck Cptlsm»-Mundschutz, ein Glatzkopf mit Mundschutz und Schlafbrille, was seinen einzig verbleibenden Sinnesorganen (den Ohren) etwas Geheimnisvolles verlieh, und die obligatorische Alte.

Wir schliefen oder taten so, die Vorhänge gut zugezogen. Finsternis. Nur das Notlämpchen glimmte. Eine fast sakrale Stimmung.

«Mooooooin zusammen!»

Göttingen, 3:46 Uhr: Ein drahtiger junger Mann im Anzug riss die Abteiltür auf. Maximilian H., Private-Equity-Manager, 27 Jahre alt, High Performer und Verlobter einer scharfen Agenturbraut, die am Hamburger Hbf. Schlag 7:52 Uhr auf ihn warte, all das erfuhren wir in den ersten 20 Sekunden. Er habe seit drei Tagen nicht geschlafen, rief er aus und raufte sich das angegelte Haar. Er habe gerade einen «Drei-Milliarden-Deal eingetütet», verkündete er, ehe er sich auf den freien Sitz neben mich plumpsen ließ. Ich erwog, aufs stinkende Zugklo zu gehen, um «Private Equity» zu googeln oder um dort weiterzudösen, hier würde es wohl nichts mehr werden. Aber dann wäre mein Leben womöglich um ein zwischenmenschlich erhellendes Gespräch ärmer, dachte ich und blieb.

Im Schummerlicht sah ich den jungen Mann von der Seite an und wurde mal wieder sentimental. Dieser knabenhafte Leistungsträger, dieser Weltenlenker könnte mein Sohn sein.

Obwohl ich meinem Sohn stets raten würde, nie mit so viel Geld zu hantieren und seinen Hosenstall immer ordentlich zu schließen.

«Drei Milliarden», wiederholte er zufrieden und öffnete eine Dose Red Bull. So langsam wurde ich wach. Drei Milliarden, das war wirklich eine sehr große Zahl. Das waren 600 000 000 passable Schlaftabletten. Das war die Summe der jährlichen Finanzflops der Deutschen Bahn.

Drei Milliarden, sagte ich, das sei eine Menge Geld.

Das sei es, nickte der Strippenzieher, wobei seine Nasenlöcher vor Behaglichkeit zitterten. Drei Milliarden, brummte die Abiturientin mir gegenüber, die jetzt auch mal aufgewacht war, da müsse er doch einen hübschen Bonus eingesackt haben und sich davon einen Platz im Schlafwagen leisten können, da wäre sicher noch was frei.

«Schlaf?» Der Jungmanager lachte auf, hielt sich spielerisch eine Hand hinters Ohr: «Was ist Schlaf?» Er müsse nicht schlafen, sagte er. Nie mehr werde er schlafen, tönte er, so leistungsbereit, wie er sich fühle, bei all dem Adrenalin, das durch seine Venen rausche plus literweise Energydrinks. Schlaf sei was für Lehramts-Studis oder britische Anleger altbackener Pensionsfonds, die er gerade über den Tisch gezogen habe, «aber pssst!», grinste er und zwinkerte ins Rund.

Er sagte, er sei «auf Red Bull», aber ich glaube, er war noch auf etwas anderem, Africola oder Club-Mate oder so, so hibbelig, wie er seinen Ellenbogen dauernd gegen meinen Oberarm rammte.

Er arbeite 100 Stunden pro Woche, sagte er und legte eine kleine Kunstpause ein. «Minimum!»

Jetzt konnte ich erst recht nicht mehr schlafen. Dass andere so viel leisten können, meldete sich mein schlechtes Gewissen.

Das seien ja 20 Stunden am Tag. Da bliebe ja nur noch das Wochenende.

«Wochenende? Welches Wochenende?», wieherte der Finanzfuchs.

Die Abiturientin knurrte, sie würde ihm gleich drei Milliarden Mal gegen sein ADHS-krankes Knie treten, wenn er nicht aufhörte, mit diesem das ihrige zu traktieren. Sie ließ noch ein paar Worte fallen, darunter «Kapitalistensau», «Heuschrecke» und «Finanzfaschist». Er hielt mit «Wasch dir erst mal deine Haare!» argumentativ dagegen. Ich dachte an die Szene in «Mord im Orient-Express», in welcher ein Fahrgast durch zwölf Messerstiche erledigt wird, und wartete einfach ab.

Wenn er auch etwas beitragen dürfte, meldete sich der vermummte Mann in der Ecke und zog seine Schlafbrille hoch: Dolle Sache, dass die jungen Leute heute wieder so fleißig seien! Übrigens sei er auch Manager. Facility-Manager.

«Hausmeister», korrigierte der Grünschnabel neben mir, während er gierig mein platt gedrücktes Crobag-Croissant fixierte, das aus meinem Rucksack ragte.

«Zwanzig Euro», sagte ich gewitzt. Ich bin auch Managerin, Familienmanagerin, denn so nennt man moderne Mehrfachmütter heute.

«Scheiße, Mann, ich sitze hier mit einem Haufen neoliberaler Arschlöcher!», wisperte die Abiturientin in ihr Handy.

Die Einzige, die noch gar nichts gesagt, nicht mal die Augen geöffnet hatte, war die Alte. Ich glaube, sie war Anarchistin oder KGB-Agentin, das erkannte ich an ihrem orthopädischen Schuhwerk und dem seelenlosen Pokerface. Sie schien zu schlafen, in den Ohren Schaumstoffstöpsel oder die Trockenpflaumen, an denen sie vorhin bei Fulda noch genagt hatte, und ich fragte mich, was sie unter ihrer schief geknöpften Strickjacke versteckte, Wertsachen oder eine Knarre.

Gern hätte ich mehr über die wundersame Berufswelt des Private-Equity-Managers erfahren. Leider kamen er und der Hausmeister von Buy-out und außerbörslichem Eigenkapital dann ziemlich schnell zu Gott. Über Gott geht es im Nachtzug am Ende immer. Die letzten zwei Stunden versuchten die beiden, sich über existenzielle Themen zu unterhalten – Zukunft, Religion, die kleinen Brüste dieser finnischen Staatschefin –, aber es geriet eher ungelenk, fast rührend.

«Fresse», murmelte die Abiturientin alle paar Minuten, um dem Gespräch wenigstens etwas Verve zu geben.

«Glauben Sie, es gibt die Hölle?», raunte der Hausmeister, aber niemand hatte eine rechte Ahnung, außer dem Schaffner, der, ab Uelzen in der Abteiltür lehnend, verlauten ließ, man befände sich bereits mittendrin. Kurz darauf sackte der Kopf des blutjungen Karrieremachers endgültig auf meine Schulter. Im Halbschlaf murmelte er noch etwas von Risiko- und Wagniskapital, Targets und einer kuscheligen Bettdecke.

Seit einiger Zeit ist in den Medien zu lesen, die Deutsche Bahn habe eine neue «Vision», plane nicht weniger als eine «mobile Revolution», das nächste große Ding seit Einführung der geschlossenen Kacketanks unter den WCs: Nachtzüge! Sie bauen alle jetzt noch mal neu, auf Druck einer «Parlamentarier-Initiative». «Politiker fordern Nachtzug Berlin-Brüssel», war zu lesen, und wer will es ihnen, der ewigen Flixbusfahrerei überdrüssig, verdenken. Ich stelle mir das gerne vor: Katarina Barley, Manfred Weber, Ska Keller, Jörg Meuthen, Martin Sonneborn und ein lettischer Sozialliberaler, der immer am Berliner Hbf. zusteigt, gemeinsam in einem Abteil. Mehr Knisterspannung geht nicht. Bringen sie sich gegenseitig um? Wo verstecken sie ihre Wertsachen? Betet Manfred

Weber heimlich vorm Einschlafen? Hängt Ska Keller ihren Fjällräven-Kulturbeutel im WC-Raum an den Griff des Seifenspenders? Plopp, fällt er wieder herunter in die Siffbrühe, aber die sympathische Grüne bleibt wie immer superentspannt. Was folgt: Flaschendrehen, Mutproben mit der Notbremse, Wodka Red Bull und die zartesten Parlamentarier*innengespräche, über Liebe in Zeiten des Kriegs, Gott und politische Theorie. Sonneborn zitiert Bakunin, Meuthen hält mit Heidegger und Hitler dagegen, und am Ende reihert jemand in den Klappmülleimer.

Hamburg, 7:52 Uhr: Am Hauptbahnhof hob ich das kahle Kinn des Managers von meiner Schulter. Ehe wir anderen ausstiegen, legten wir den juvenilen Leib vorsichtig über drei Sitze, so kriegte er noch ein paar Stunden Schlaf bis Endstation Sylt, denn auf Sylt fallen ein paar Milliarden mehr oder weniger auch nicht mehr wirklich auf.

Immer was zu tun

Navid Nouri ist ein kluger, älterer Herr, aber ein miserabler Geschäftsmann. Der Inhaber eines Ein-Mann-Taxiunternehmens hält vor meiner Tür.

«Guten Tag! Warum rufen Sie denn ein Taxi?», begrüßt er mich mit strenger Miene. «Das ist doch teuer. So teuer! Warum fahren Sie nicht mit Bus oder Bahn?»

Ich sähe, erklärt der grauhaarige Mann im Zopfpulli, doch gar nicht aus wie jemand, der ein Taxi rufe. Ich sähe doch eher aus wie jemand, der sein Geld für lecker Restaurants und Cafés ausgebe, aber doch nicht für Taxikilometer, tadelt er, und ich verbuche das einfach mal als nettes Kompliment.

Vorsichtig hieve ich mich auf den Beifahrersitz. Dass ich Knieschmerzen habe, zum Arzt muss und kein Auto besitze, lässt er als Ausrede nicht gelten.

«So teuer. So dumm», knottert Herr Nouri noch eine ganze Weile vor sich hin und schaut mich zwischendurch von der Seite an, als bereite ihm die Fahrt schon jetzt schier körperliche Qualen, ehe er noch irgendwas von «dumm» murmelt, ein «teuer» fallen lässt und das ein oder andere «dumm».

Jetzt reicht es aber mal.

«Und Sie sind ein dummer Taxifahrer», erwidere ich – dass er hier so freimütig an seinem eigenen Ast säge, ja, sein Business so rundheraus diskriminiere.

«Diskreditiere», korrigiert Herr Nouri. «Deutsche Sprache, schwere Sprache», schmunzelt er.

Übrigens sei er gar kein Taxifahrer, sagt er, während er im

gebotenen Schneckentempo die Spielstraße verlässt und auf die Hauptstraße einbiegt.

Ja, er fahre Taxi, räumt Herr Nouri ein, das sei nicht zu leugnen. Von morgens bis abends und manchmal auch nachts, seit vierzig Jahren. Aber das sei nur sein Brotberuf, das sei nur für die Miete.

«Ich bin Stadtplaner», sagt Herr Nouri und deutet auf dem Fahrersitz eine Verbeugung an. Diplomierter Stadtplaner. Universität Teheran, Abschluss 1978. Mit Auszeichnung. Jahrgangsbester.

«Glückwunsch», sage ich. Auch wenn das ja jetzt schon eine Weile her sei, sage ich. Auch wenn das vielleicht etwas komisch klänge, nach so langer Zeit.

«Gar nicht», sagt Herr Nouri. «Danke», strahlt Herr Nouri.

«Im Handschuhfach», schiebt er nach und klopft mit der rechten Hand gegen das Fach. Seit vierzig Jahren schlummere sein Diplom im Handschuhfach. Seit vierzig Jahren habe er es immer dabei, das sei ihm wichtig. Ja, Stadtplaner sei er mit Leib und Seele. Das sei seine Berufung. Stadtplaner für immer. Wie sein Vater. Wie sein Großvater. Viereinhalb Jahre, erzählt er, sei er leitender Angestellter der Stadt Teheran gewesen. Verbeamtet. Ausgesorgt für immer. Was «immer», lacht Herr Nouri, im Iran halt so bedeute. Und als er in den Achtzigerjahren seine Heimat verlassen musste, sein Diplom von den stadtplanerischen Vollpfeifen in Deutschland nicht anerkannt wurde und er dringend seine wachsende Familie ernähren musste, na, da habe er eben mit dem Taxifahren angefangen. Und dabei sei es bis heute geblieben.

Ich weiß nicht recht, was ich sagen soll, murmle ein bisschen was von «schade» und «blöd gelaufen».

«Schon gut. Kein Geheule», winkt Herr Nouri ab. Mit dem Geheule sei er durch. Aber dennoch sei er eben im tiefsten Inneren seines Herzens immer Stadtplaner geblieben. Dennoch habe er in all den Jahren nicht mit dem Stadtplanen aufgehört, niemals! Früher, in den ersten Jahren in Deutschland, als er noch mit Stift und selbst gezeichneten Flächennutzungsplänen auf den Malblöcken seiner Tochter hantiert hat, sagt Herr Nouri, habe er immer nur Teheran geplant. Immer nur Teheran. Teheran, seine Metropolis. Teheran, sein Eldorado, der Dreh- und Angelpunkt seiner Träume. Weil Teheran seine Heimatstadt sei, seine große Liebe, und außerdem komplett verbaut. Bausünden, Bausünden, Bausünden vom 13. bis zum 20. Jahrhundert, vom Elburs-Gebirge bis zur Salzwüste Dascht-e Kawir.

«Wildwuchs!», ruft Herr Nouri aus. Jeder hat hier über Nacht was angebaut, ohne Baugenehmigung. «Oder mit Baugenehmigung», ächzt er, und das waren meist die schlimmsten Schrottimmobilien – Bestechung, Korruption überall.

«Schon mal via Google Earth durch Hazane Boharae spaziert?», fragt Herr Nouri.

Ich verneine.

Ein Drecksloch, ein Chaotenladen, schimpft Herr Nouri, so wie alle anderen Bezirke auch. Vor allem die der Arbeiter, der Abgehängten. Die Ghettos. Für die habe er damals, als Behördenmitarbeiter, schlichte, bezahlbare Wohnblöcke geplant, aber leider nicht mehr realisiert. Übrigens sei er nicht nur Stadtplaner, sagt Herr Nouri, sondern auch ein herzensguter Kerl.

Aber irgendwann, in den Neunzigerjahren, fährt er fort, war Teheran einfach zu weit weg. Irgendwann war klar, dass er gar nicht mehr wusste, wie die Stadt mittlerweile aussah. Irgendwann habe er dann eine neue Spielwiese für sich entdeckt. Ein neues Monstrum. Ein ebenbürtiges Ungetüm von Stadt.

«Hamburg», raunt Herr Nouri. Ja, dieser Millionen-Moloch

hier sei ja auch total verbaut. Diese Stadt sei, außerhalb des alten hanseatischen Stadtkerns, auch ein einziges Bausündenbabel voller Korruption, Immobilienkartellen, überteuerten Hostels und sozialer Segregation. Die Reichen im Norden, die Armen im Süden, genau wie in Teheran, sagt Herr Nouri. Hamburg sei ja überhaupt und je länger er darüber nachdenke so was wie das Teheran des Nordens, nur ohne Zypressen und Maulbeerbäume.

«Hamburg – Mann, Mann, Mann», ruft er aus. Wenn er hier so durch die Straßen kurve, wolle er sich am liebsten an jeder Ecke die Augen zuhalten, was er zur Demonstration auch tut.

«Und sehen Sie da vorn?», fragt Herr Nouri, jetzt wieder mit offenen Augen. Wir passieren die Brücke über den südlichen Arm der Elbe, schauen auf die Stadtteilsilhouette von Harburg.

«Kein klares Zentrum, keine Orte der Begegnung», wettert Herr Nouri – ein strukturloser Stadtteil, dessen einziger Daseinsgrund darin bestehe, ihn, Dipl.-Ing. Navid Nouri, zu quälen. Immer, wenn er hier herumfahre, befalle ihn so ein Gefühl von Weltschmerz, von Todessehnsucht, jeden Tag.

Aber nicht nachts, sagt Herr Nouri. Nicht daheim an seinem Computer. Da habe er die Sache in der Hand. Da gäbe es inzwischen dieses herrliche virtuelle Stadtplaner-Programm. Darauf könne man ganze Straßenzüge planen. Ganze Städte, Ballungsgebiete, ach was, Welten! Ja, nicht weniger als den gesamten öffentlichen Raum von den patagonischen Volkshochschulen bis zum Marktplatz von Nowosibirsk. Leichthin trommelt Herr Nouri auf seinem Lenkrad herum, während wir an einer Ampel warten. Ein anderer Taxifahrer rollt uns entgegen, winkt uns zu.

Ja, da sitze er dann, sagt Herr Nouri. Neben sich eine schöne Kanne Tee, vor sich das Computerprogramm, in welchem er sich immer zu Beginn in die Hamburger Innenstadt begebe. «Wissen Sie, was ich jede Nacht mit der Fußgängerzone mache?», fragt Herr Nouri.

«Vergrößern? Begrünen?», frage ich.

«Ausradieren», sagt Herr Nouri. Mit diesem superschnellen, digitalen Radiergummi. Alles weg – zack, zack! Die ganze Fußgängerzone in ihrer jetzigen Form sei doch komplett tot. Da sei nichts mehr zu retten, zu sanieren. Und dann baue er im Anschluss noch mal alles neu: Spielplätze, Kinos, ein Kulturzentrum. Klar, auch Geschäfte, sagt Herr Nouri, aber keine imperialen Warenhausketten. Nur nette, inhabergeführte Läden, dazu jede Menge quirlige Cafés, hochwertige Imbissbuden, drei Italiener und 17 persische Restaurants.

«Gute Idee», sage ich.

«Und dazwischen breite Wege», sagt Herr Nouri. Ausladende, üppig bepflanzte Fußgängerwege, die diesen Namen verdient haben. Aber nicht für Autos. «Autos raus aus der Innenstadt!», trompetet Herr Nouri. Die ganzen Blechkisten müssen abgedrängt werden bis weit an den Stadtrand.

«Sie sind ja wirklich ein sehr unprofessioneller Taxifahrer», sage ich.

«Danke», freut sich Herr Nouri.

In echt, ergänzt er, sei solch ein beherzter Totalabriss natürlich gar nicht möglich. Ein Fünftel der betreffenden Gebäude stünde unter Denkmalschutz.

«Denkmalschutz!», wiehert Herr Nouri, «mein lieber Schwan!» In Deutschland würde aber auch jedes hässliche Fünfzigerjahre-Hochhaus als Kulturdenkmal eingestuft und demnächst vermutlich noch Tankstellen und Dixi-Klos. Denkmalschutz für brutalistische Klotzbauten, Trinkwasser mit Kohlensäure und Reis ohne Safran – verstehen würde er dieses Land nie.

Wir stoppen wieder an einer Ampel. Der Taxifahrer auf der linken Spur winkt.

«Kennen Sie eigentlich alle Taxifahrer persönlich?», frage ich.

«Wieso Taxifahrer?», fragt Herr Nouri. «Milad ist Professor. Und wollen Sie eigentlich wissen, was in dieser Stadt der größte Dorn in meinem Auge ist?»

«Die Elbphilharmonie?», frage ich.

Herr Nouri reißt die Augen auf und beide Hände vom Lenker.

«Doch nicht die Elphi!», ruft er aus. Die Elphi sei herrlich. Die Elphi sei ein architektonischer Glücksfall, ein Geschenk des Himmels, verschmolzen aus traditionsreichem Backstein und Glasbaukunst. Die Elphi sei das einzige Gebäude des gesamten Stadtzentrums, das er nicht antaste, niemals.

«Nein – das Millerntor-Stadion», sagt Herr Nouri. Jaaa, die Sprengung des St.-Pauli-Stadions sei stadtplanerisch nicht unbedingt astrein begründet und durchaus ein wenig von persönlichen Beweggründen geleitet, aber «Wir sind schlau, wir sind Fans vom HSV», trällert Herr Nouri jetzt irgendein schmissiges Vereinslied vor sich hin.

«Ja, und dann wäre da noch dieses eine sagenumwobene Viertel voller kaputter, drogenabhängiger Leute», wird Herr Nouri wieder sachlich. «Wie heißt das noch mal?» Er kratzt sich am Kopf. «Blankenese, ja richtig.» Dieses traditionsreiche Konglomerat aus Bonzen-Villen, nervtötenden Treppen, Koks, Besserverdienern und Scheiße, um es mal mit persischer Saloppheit auszudrücken. Nur Geldadel, nur Taxi fahren, nur Gärten, monströs wie Schlossparks, und woanders fehle der Wohnraum. Da müsse er dann ran.

Da sitze er also, bis zum Morgengrauen, vor dem Bildschirm, plane, plane, plane und könne nicht aufhören. Wie auch, es sei ja auch immer was zu tun. So viele Großprojekte. Und kleine. Der ganze Kleckerkram, seufzt Herr Nouri. Hier einen Platz vergrößern, dort den Fernsehturm um die Hälfte zurechtstutzen sowie auf der Elbinsel sämtliche Wohngebäude abreißen und in Grünflächen umwandeln für ein riesiges Naherholungsgebiet, groß wie der Central Park.

«Da wohne ich», sage ich.

«Wohnte», sagt Herr Nouri. Ja nun, man könne es nicht allen recht machen. Man müsse immer alle Bedürfnisse abwägen, zum Wohle sämtlicher Bürgerinnen und Bürger.

Aber ohne Bürgerbeteiligung, schiebt Herr Nouri hinterher. Bürgerbeteiligung sei das Dümmste der Welt. Wenn alle Bürger mitentscheiden dürften, gäbe es in jeder Straße einen H&M, ein Eros-Center und an jeder Ecke einen McDonald's. Ob es übrigens okay sei, wenn wir kurz einen kleinen Umweg in Kauf nähmen, fragt Herr Nouri, dann müsse er nicht an diesem Albtraum von Einkaufscenter vorbei. Ich nicke.

«Waren Sie eigentlich jemals wieder in Teheran?», frage ich.

Herr Nouri schüttelt den Kopf. Aber wenn seine Cousinen, Nichten und Großnichten dort unten weiterhin so unerschrocken den Mullahs die Stirn böten, sagt er, dann, ja dann könne er vielleicht irgendwann wieder hin, um all seine Verwandten zu begucken und den ganzen Pfusch am Bau seit 1983.

«Da sind wir», sagt Herr Nouri und bremst.

«Heiliger Bimbam», sagt Herr Nouri und betrachtet das grau verputzte, sechsstöckige Ärztehaus. Dann brummelt er irgendwas von «Baumafia», «Augenkrebs» und «einundzwanzig Euro».

Ich bezahle und frage, ob er mir seine Visitenkarte geben könne, für die nächste Fahrt. Ich müsse ja noch seine Meinung einholen, was denn jetzt aus der Reeperbahn werde und ob wir das Rathaus demnächst sprengen sollten sowie sämtliche Musical-Häuser der Stadt.

Aber Herr Nouri sagt, das könne er nicht. Es gäbe in dieser mängelbehafteten Stadt nämlich nicht nur die herrliche Elbphilharmonie, sondern auch die wunderbare, preisgünstige, empfehlenswerte Erfindung namens ÖPNV.

«Seien Sie nicht so dumm. Fahren Sie Bahn!», rät Herr Nouri. Dann könne ich Geld sparen. So viel Geld. Dann könne ich noch mehr Torten essen und Kaffee trinken gehen, zwinkert er, schlägt die Fahrertür zu und braust hupend davon.

Nur geil

Es ist Samstag, es ist fast Mitternacht. Mein Kind kommt heim. Das große. So groß ist es, es geht schon aus. Also ein bisschen, per S-Bahn mit Freund*innen in die Innenstadt fahren und dort rumlaufen «und so». Das «und so» interessiert mich dabei am meisten. Das «und so» interessiert mich wirklich brennend. Das «und so» würde ich zu gerne im Detail wissen, um alle meine Know-how-Lücken zu füllen.

«Ach, hallo», murmle ich und schaue nur kurz am Küchentisch von meiner Zeitschrift auf. «Stimmt ja, du warst ja noch unterwegs», sagt mein lässiger, beinahe phlegmatischer Blick. Man darf als Elternteil nicht allzu viel Interesse zeigen, das ist wichtig, um die Heranwachsenden nicht zu verschrecken – dann fühlen sie sich pudelwohl und plaudern irgendwann einfach alles ganz von selber aus.

Alles, was ich von meinem Kind gerne wüsste. Ich möchte doch so gerne wissen, was es denkt. Ich möchte wissen, was es träumt. Wovor es Angst hat. Was sein letzter Gedanke vor dem Einschlafen ist und was der erste am Morgen. Ich möchte wissen, was es vom Leben will und alle seine Freund*innen. Das hier ist die Jugend von heute, die maßgebliche Generation. Deshalb habe ich doch Kinder bekommen, um an den Zeitgeist wieder anzudocken, den Anschluss an das Hier und Jetzt niemals zu verlieren. Ich möchte wissen, worüber sie miteinander reden. Worüber sie nicht miteinander reden. Worüber sie lachen. Wie sie das mit dem mündlichen Gendern so mühelos hinkriegen, an dem ich mich seit Monaten übe. Welche

Emojis sie benutzen, wenn sie verliebt sind, und welche, wenn betrunken.

Ob sie überhaupt schon Alkohol trinken, mit fünfzehn? Mein Kind sagt Nein, aber ob das stimmt? Natürlich habe ich mit fünfzehn bereits am Alkohol genippt – ach was, gebechert, gekübelt. Trinkspiele, Dosenstechen, das volle Programm, das taten alle Halbstarken in den Neunzigerjahren von Judith Rakers bis Marco Buschmann. Und, hat es uns geschadet? Ja, aber lustig war es dennoch.

«Hallo», sagt mein Kind nicht minder phlegmatisch, schlurft zum Kühlschrank, holt sich Nudeln und Nutella und setzt sich an den Tisch. Da hängt es, auf dem Küchenstuhl, vornübergebeugt, und wischt mit einzelnen Spiralnudeln das Nutella-Glas leer, in seinem ausgeblichenen T-Shirt mit der Aufschrift «Nirvana».

Mein Kind liebt Nirvana. Mein Kind liebt die Neunzigerjahre, und alle seine Freund*innen ebenfalls: Neunziger-Musik, Neunziger-Klamotten, Neunziger-Topfpflanzen und womöglich noch Theo Waigel. Sie imitieren alles: knöchelhohe Chucks, Bauchtaschen und schlimme Frisuren. Ja, sogar ihre Nölgesichter scheinen astrein einer besonders deprimierenden Folge von «Gute Zeiten, schlechte Zeiten» entsprungen oder einer Bundestagsdebatte von 1994 zum Reizthema «Der Grüne Punkt».

«Die Neunziger müssen echt das beste Jahrzehnt gewesen sein», hat mein Kind einmal in seinen seltenen gesprächigen Momenten gesagt. So süß. Na, vielleicht in der Bronx, in diesem einen Straßenzug in Berlin-Mitte oder im postsozialistischen Bukarest, als plötzlich alles möglich war, aber doch nicht hier. Das wüsste ich doch. Ich denke an Rita Süssmuth und Hans Meiser. Ich denke an den Jugoslawienkrieg. An Hoyerswerda, an Mölln. Ich denke an fünfstellige Postleitzahlen, Faxgeräte und die Erhöhung der Mehrwertsteuer, der Aufreger des Jahrzehnts. Vielleicht sollte ich meinem Kind zum nächsten Geburtstag meinen alten Tintenstrahldrucker schenken oder einen schicken Städtetrip nach Bonn. Ein Bekannter wohnt dort und erzählt, dass die letzten buckligen, noch lebenden Minister der alten BRD noch immer durch die Bonner Innenstadt schlurfen, den Kopf kopfschüttelnd über den Euro und diese Bum-Bum-Musik namens Techno.

«Das stimmt. Nur geil», hatte ich in jenem Gespräch die Aussage meines Kindes bestätigt und ein paar krasse Dinge angedeutet von Nirvana live auf MTV und gesellschaftlichen Zuständen wie 1969 in Woodstock. Weil man die jungen Leute nicht allzu früh desillusionieren darf. Weil man seinen Kindern ihre Träume lassen soll, so wie mir einst meine Mutter. Wann immer ich ihr mit den «Swinging Sixties» und den «Doors» in den Ohren lag, hat sie nur «Ja, ja» gemurmelt und nichts von Ludwig Erhard oder Contergan.

Außerdem hatte ich gedacht: Wenn mein Kind die Neunzigerjahre liebt, habe ich mit meinem Insiderwissen immer was zu erzählen, kann jede noch so detaillierte Retro-Frage beantworten.

Aber es fragt nie.

Manchmal denke ich, mein Kind weiß gar nicht, dass ich auch mal jung war. Vielleicht ist ihm das gar nicht bewusst. Dabei ist es wirklich wahr. Ich hatte auch mal Essensreste in der Zahnspange hängen. Ich dachte auch einmal, das richtige, eigentliche Leben beginnt mit dem Schulabschluss.

Ich habe mich auch mal ohne Fahrkarte vor dem Schaffner auf dem Zugklo versteckt, und manchmal tue ich das noch heute.

Ich habe auch mal immer meine alten Socken im Bad liegen lassen. Ich hatte auch mal ein lustig-disproportionales Gesicht mit einer überdimensional großen Nase, die schneller wuchs als der Rest.

Ich habe auch ein Mal, ein einziges Mal, versucht, mir die Nasenhaare mit der Pinzette auszuzupfen. Ich fand auch mal die Witze meiner Eltern grauenhaft und finde das noch immer. Ich habe auch mal nachts kalte Nudeln gefuttert. Ich habe auch mal Hefeweizen mit Bananensaft ineinandergekippt und gedacht, ich hätte etwas Neues, Bahnbrechendes erfunden. Ich fand auch mal Foodtrucks cool, auch wenn die damals Imbisswagen hießen.

Vielleicht muss ich meinem Kind das alles nur mal sagen. Vielleicht muss ich meinem Kind nur mal ein paar zünftige Beweisstücke zeigen. Wir könnten gemeinsam meine alte Abi-Zeitung durchblättern und alle meine Fotoalben. Feierlich würde ich über die angegilbten Fotos der «Rocky Horror Picture Show»-Schulaufführung streichen.

«Mama, echt jetzt, das warst du?», würde mein Kind ausrufen und den goldenen Glitzerfummel bestaunen.

Ich schüttelte den Kopf. «Das war ich nicht», würde ich sagen. «Das bin ich», würde ich sagen, «im Herzen und unter den ersten grauen Haarsträhnen noch immer», und noch einmal die Liedzeilen der durchgeknallten Columbia («He had a pickup truck, and the devil's eyes») krähen.

Vielleicht muss ich all das meinem Kind einfach nur mal in Ruhe stecken. Besser aber nicht. Man darf sich nicht ranwanzen. Man darf sich nicht aufdrängen, mit den eigenen Jugendschwänken langweilen, sonst ziehen sie sich zurück in ihr Schneckenhaus oder in irgendeine Therapiegruppe.

Niemals darf man das tun. Das ist der eine große Schnitzer, der Kardinalfehler. Die Entgleisung. Die Todsünde. Der innerfamiliäre Super-GAU. Die Superdoofheit, die ich genau eine Woche später begehe.

«Eines musst du wissen», sage ich, wieder nachts am Küchentisch. Ich blicke von meiner Zeitschrift auf, blinzle über den Rand meines leeren Weinglases und beuge mich ein Stück vor.

«Ich war auch mal jung und cool!»

Meine Worte hallen an der Küchendecke noch eine Weile nach.

Mein Kind guckt mich an, verzieht keine Miene, als warte es ab, was kommen mag. Ich fühle mich ermuntert.

«Sehr cool», raune ich. «Mit selbst bemalten Doc Martens, zerschnippelten stonewashed Jeans und einem abgebrochenen Mercedes-Stern am Lederband.»

«Echt jetzt, Mercedes-Sterne konnte man früher abbrechen? Wie krass ist das denn!», sagt mein Kind leider nicht. Es sagt nichts. Überhaupt nichts.

Oh nein, geht mir auf. Vielleicht hätte ich doch ein Glas Rotwein weniger trinken sollen. 200 Milliliter weniger, und alles wäre gut. Was rede ich da nur, sagt mein Verstand, aber mein Mund sagt etwas anderes.

«Mit Freibierfeten im Schützenhaus», sagt mein Mund. «Mit selbst zusammengestellten Grunge-Kassetten», sagt mein Mund, ehe er von ein paar kleineren Rockfestivals berichtet, eine «angesagte Clique» erwähnt und einen minutenlangen Exkurs zum Thema Interrail einlegt, bis hoch nach Dänemark.

Da sitzt es, mein Kind. Seine Mundwinkel zucken. Aber es lacht nicht. Es sieht mich einfach nur an.

«Okay», sagt mein Kind. «Warum nicht», sagt mein Kind. Es sagt, was ich gerade gesagt habe, übersteige um einiges seine Vorstellungskraft, aber es könne sich auch nicht diese seltsame DDR vorstellen und die gelben Karteikästen in der

Stadtbücherei, von denen ich so oft erzählt hätte. Es vertraue mir, sagt mein Kind, und dann werde es wohl so sein.

Es ist ein weises Kind. Es ist ein nettes Kind, aber vielleicht will es auch einfach nur mehr Taschengeld herausschlagen oder schnell ins Bett.

«Und», sage ich und weiß doch eigentlich, wer Sätze mit «und» beginnt, hat das Gespräch bereits verloren, «willst du mal meine Abi-Zeitung sehen?»

«Was ist eine Zeitung?», fragt mein Kind.

«Spaaaß», sagt mein Kind. «Ein andermal», sagt mein Kind. Morgen vielleicht oder übernächstes Jahr. Jetzt sei es erst mal müde.

«Übrigens», sagt mein Kind, steht auf und kramt aus seinem Rucksack einen Zettel mit Schulstempel heraus. Eine Einladung zu einer Mittelstufen-Party. Mit Motto. Neunzigerjahre. «Affengeil!» und «echt bombig!», steht in minderwertigem Neunziger-Layout darüber und daneben eine stark verpixelte Bombe, die gerade explodiert. «Verkleidet euch wie eine bedeutende Persönlichkeit aus der Zeit», steht darunter.

Mein Kind sagt, vermutlich ginge es gar nicht hin. Es habe mittlerweile festgestellt, dass die Nullerjahre eigentlich doch das bessere Jahrzehnt seien, modisch und musikalisch gesehen, auch wenn das bei den Lehrer*innen noch nicht angekommen sei. Aber falls es doch hingehe: ob mir vielleicht eine passende Person einfiele?

Das ist mein Moment. Ich denke nach. Lange. Sehr lange. Dann schlage ich Rudolf Scharping vor, Veronica Ferres oder das Schaf Dolly.

«Oder kennst du Hellmuth Karasek?», frage ich. «Kennst du Heide Simonis? Oder Helmut Kohl?»

«Nee», sagt mein Kind. «Okay dann», sagt mein Kind, gähnt

und bedankt sich artig für den Input. Jetzt müsse es aber ins Bett.

Na dann. Ich hebe eine Hand zum Gruß.

«Schlaf, Forrest, schlaf», sage ich.

«Hä?», fragt mein Kind.

«Schlaf langsam: Jetzt erst recht», sage ich.

«Wie bitte?», fragt mein Kind.

«Schlaf gut», sage ich.

Gut leben

Wir sitzen in unserem Lieblingscafé, meine Freundinnen Lisa, Kirsten und ich. Wir lieben die Plüschsessel. Wir lieben den Milchkaffee, der so herrlich ist wie die bonbonfarbenen Zeitschriften, die hier überall herumliegen. Zeitschriften voller Modestrecken, Lebenstipps, schicksalsschweren Personenporträts und dann und wann dem knuffigen Robert Habeck barfuß im Schlick.

Ich verschlinge ein paar winterliche Muffin-Rezepte. Kirsten begutachtet die Mäntel der Saison. Lisa hat eine Werbeseite für eine Lebensversicherung aufgeschlagen. Eine weißhaarige, lächelnde Frau sitzt darauf im Ohrensessel. «Gut leben im Alter», steht in großen, gravitätischen Buchstaben darüber.

Lisa leckt sich den Milchschaum von den Lippen und sagt, das klänge gar nicht so verkehrt. Gut leben im Alter, genau das wolle sie auch. Da müsse man doch sofort Pläne schmieden. Das müsse man sich sofort ausmalen, wie ein Leben mit achtzig, neunzig Jahren aussehen könnte, wenn man überall Falten hat und freie Zeit ohne Ende. Zeit, sein Leben auf Kurs zu bringen. Zeit, noch mal etwas Neues zu machen. Zeit, seine Tage ganz genau so auszugestalten, wie man will.

Jeden Tag Fritten, denke ich. Mich vergoogeln, denke ich. Stundenlang im Internet versacken, herrlich, dazu kommt man ja sonst nie. Puzzeln, denke ich. Ich denke an 1000-Teile-Puzzles, an 5000-Teile-Puzzles, an 50 000-Teile-Puzzles, aber warte erst mal ab.

«Und was so?», frage ich.

Ja, das würde sie auch gerne wissen, sagt Kirsten und klappt ihre «Brigitte» zu.

Na, sie zum Beispiel, sagt Lisa, könne sich gut vorstellen, wieder mit dem Rauchen anzufangen. Aber diesmal richtig. Karibische Zigarren, groß wie Maiskolben. Der Geschmack von Hemingway und Havanna ... und niemand sagt, denk an die Langzeitfolgen. Haha, welche Langzeitfolgen? Und mit diesen karibischen Zigarren würde sie gerne in einem hübschen Himmelbett liegen, paff, paff, paff, ganz entspannt nach dem Aufwachen, so gegen 15 Uhr.

«Klingt gut», sage ich.

«Oder halt kiffen», sagt Lisa. «Oder Nelkenzigaretten. Oder Opiumpfeifchen. Das ist dann eh alles legal», sagt Lisa.

«Klingt super», sagen Kirsten und ich, weil wir immer gleich dabei sind, wenn Lisa etwas sagt. Weil Lisa schon seit Kindheitstagen so was Mitreißendes, beinahe Hypnotisches hat. Weil Lisa uns auch einen Röhrenfernseher andrehen könnte oder ein Jahresabo der «Fisch & Fang». Weil Lisas Tatendrang immer ansteckt. Ein Tatendrang, den Kirsten und ich sonst nur selten verspüren.

«Die letzte lustige Droge, die ich intus hatte», erinnere ich mich, «war Lachgas bei meiner ersten Geburt.»

Einen Joint halten, kichert Kirsten, sie wisse gar nicht mehr so richtig, wie das geht.

«Mit achtzig weiß man das dann wieder», sagt Lisa.

Ob auch psychoaktive Substanzen eine Option seien, möchte Kirsten wissen. Davon träume sie schon seit Langem.

«Klar», sagt Lisa. Aber nicht zu psychoaktiv, mahnt Lisa, damit man nicht endlose Flashbacks in die eigene Jugend durchlebe und den ersten feuchten Zungenkuss hinter den Mülltonnen der Schule. Ab achtzig, sagt Lisa, müsse es im

Leben nämlich immer nach vorn gehen. Immer nur nach vorn.

«Ja, genau», rufen Kirsten und ich.

«Nun, da liegen wir also», sagt Lisa, «in unseren Himmelbetten. In unseren kuschelweichen Nachthemden. Mit unseren monumentalen Warzen und schlohweißen Vulvahaaren.»

«Mit unseren Damenbärten bis zum Bauchnabel», sage ich.

«Mit unseren Stand-Aschenbechern, groß wie byzantinische Vasen», sagt Kirsten. «Mit unseren Heizdecken», fügt Kirsten hinzu und hält inne: oder ob das zu bieder sei? Aber Lisa sagt, Heizdecken seien fantastisch, Heizdecken seien vollkommen okay.

«Mit unseren kleinen, goldenen Glöckchen», fährt Lisa munter fort. Bimmel, bimmel, und der androide Butler trägt den Brunch herein: Käsetoast, Obstsalat und fünf Wodka auf Eis.

Ja, Alkohol, sagt Lisa, aber nur harter Alkohol, das sei wichtig.

«Da liegen wir also», sagt Lisa.

«Und liegen. Und liegen. Und liegen», führe ich den betörenden Gedankengang fort, «bis zum Sonnenuntergang, bis zum Einschlafen. Einfach Nichtstun. Gar nichts! Niente, nada, ništa!», verkünde ich und zitiere Harald Juhnkes Definition von Glück: keine Termine und leicht einen sitzen.

Lisa hebt eine Augenbraue.

«Nee», sagt Lisa. Genau das meine sie nicht. Man könne nicht immer nur herumliegen. Man müsse auch mal raus aus den Federn, sonst gäbe es eine Delle in der Matratze und in den Beinen Thrombose. Man könne sich ja wohl auch mal anziehen, sagt Lisa.

«Aber was?», fragt Kirsten. Das sei auch wichtig, sagt Kirsten, wenn nicht das Wichtigste.

Allgemeines Grübeln.

Lisa will einen Minirock, ein Hawaiihemd, einen schwarz glänzenden Frack und um den Hals eine riesige Boa, aber eine echte.

Kirsten plädiert für ein bodenlanges Ballkleid mit Puffärmeln und Schleppe. Ich hingegen mache mich für eine ehrwürdige Kittelschürze stark. Eine gut geschnittene Kittelschürze mit farbenfrohen Hanfblättchen und Zigarrenstummeln drauf, als Statement-Kleid, und darüber einen Bademantel.

Und ein Hut, sagt Lisa. Ein Hut müsse sein, erklärt Lisa und verlangt nach einem riesigen Tüll-Ungetüm aus Flamingo-Federn. Ich wünsche mir einen Sombrero und Kirsten eine goldene Krone.

Und dann geht es endlich ab nach draußen, sagt Lisa, um am gesellschaftlichen Leben teilzunehmen. Um den Austausch zu suchen, den Brückenschlag, auch zwischen den Generationen.

«Ja, rausgehen», ruft Kirsten, «die ganze Welt umarmen, alle Mitmenschen grüßen!»

«Oder nicht grüßen», sagt Lisa. Das gefiele ihr eigentlich noch besser.

Sie, sagt Lisa, sähe sich im Alter eher so als Grantlerin, als klassische Unsympathin in der Tradition von Muffi-Schlumpf oder Dorothy von den «Golden Girls». Sie sähe sich da eher so die Straßen entlangstapfen und rumnölen, fluchen, sämtlichen Mitbürger*innen auf den Sack gehen, super.

Ob das mit den ganzen Rauschmitteln im Blut denn eigentlich ginge, fragt Kirsten, und Lisa sagt, das ginge dann sogar ganz besonders gut. Richtig alterspissig müsse man werden, sagt Lisa. Richtig unbequem dürfe man werden. Die Persönlichkeit eines Menschen werde ja ohnehin ab siebzig immer komplexer und abgründiger, sagt Lisa, das habe sie mal in einer ZDF-Dokumentation gesehen und im Mienenspiel von Wolfgang Kubicki. Das Nettsein müsse auch mal irgendwann aufhören, sagt Lisa. Ab achtzig brauche man nicht mehr nett sein. «Nett sind wir jetzt», sagt Lisa.

Sie sähe uns drei am liebsten als die exzentrischen Alten, die edgy Diven, die raubeinigen Matronen. Wie Miss Marple, schwärmt Lisa. Deren abgebrühte, ausgebuffte Wesensart hätte sie auch so gern. Ferner den eiskalten, kompromisslosen Blick von Judi Dench, die rätselhafte Aura der steinalten Garbo, das labyrinthische Liebesleben von Zsa Zsa Gabor, die Zähigkeit der Hildegard Hamm-Brücher und die Coolness von Patti Smith.

Kirsten hebt einen Zeigefinger und sagt, sie müsse uns etwas gestehen. Sie habe vor dem Altwerden auch ein bisschen – Angst. Das dürfe man doch nicht wegreden.

«Du brauchst keine Angst haben», beschwört Lisa. Sie jedenfalls habe das nicht.

«Ich auch nicht», sage ich. Das ist wahr. Auch ich habe keinerlei Angst vor dem Altwerden. Nur das Jungsein hat mir früher nie so ganz behagt. Schon als Schulkind habe ich von einem Leben als Grande Dame geträumt. Mein Role-Model war nicht Dornröschen oder die niedliche Gertie aus «E.T.», sondern Inge Meysel.

«Die Meysel hat noch mit über neunzig munter gegen die Stadt Hamburg prozessiert und gern mal einen sitzen gehabt», kann ich berichten, aber Kirsten ist auf einmal nicht mehr überzeugt.

Und überhaupt, wenn sie so darüber nachdenke, sagt Kirsten: ob kiffen und fluchen in dem Alter nicht doch ein bisschen drüber sei?

«Ab achtzig ist überhaupt nichts mehr drüber», winkt Lisa ab. Das sei doch gerade das Gute am Altsein, dass man nur noch macht, was man will. Alles, was erlaubt ist. «Und unerlaubt», sagt Lisa. «Schwarzfahren zum Beispiel. Nachts ins Freibad einsteigen zum Beispiel, ja Gaunereien aller Art! Weil niemals irgendwer eine alte Dame zu irgendwas belangt», sagt Lisa. Weil alte Damen immer unantastbar und heilig sind, so wie die Jungfrau Maria. Maria, die im Alter vermutlich auch eine abgründige Persönlichkeit entwickelt hat. Die vermutlich auch am Ende ihres Lebens richtig alterspissig war.

«Oder ein Drogenkartell gründen», sagt Lisa. «Oder Kleine Feiglinge im Supermarkt klauen», brainstormt Lisa, und ich denke, wenn sie jetzt noch mit Graffiti-Tags, Klingelstreichen und S-Bahn-Surfing anfängt, bin ich irgendwann raus.

So langsam wird mir das alles doch ein bisschen viel. So langsam werden da die Tage ganz schön voll. Wann soll ich da meine Puzzles machen? Wann das Fritten-Taxi bestellen oder im Internet versumpfen, frage ich mich, während Lisa gerade wortgewaltig dazu anhebt, alle Altersklischees aufzubrechen und sämtliche Gewissheiten beherzt zu hinterfragen.

«Zum Beispiel Monogamie», sagt Lisa. «Zum Beispiel einen festen Wohnsitz», sagt Lisa. Ja, so ein Tiny House mit Rädern unten dran sei im Alter vielleicht auch eine gute Idee. Heute hier, morgen dort und übermorgen als Au-Pair-Oma nach Toronto und mit dem kanadischen Familienvater eine leidenschaftliche Affäre beginnen. Au-Pairs, weiß Lisa, hätten immer mit den Gastgebern was am Laufen, das gehöre dazu.

Kirsten, bei diesem Thema wieder mit im Boot, erklärt mit glühenden Wangen, sie habe eine Großtante in Göttingen, die altersbisexuell geworden sei. Das sei vielleicht auch ganz spannend?

«Klar», sagt Lisa. «Alles ausprobieren, alles mitnehmen. Ein Leben auf der Überholspur!»

Ob es, wenn wir alt sind, eigentlich noch Überholspuren

gibt oder ob die durch die Einführung des Tempolimits nicht alle schon verschwunden sind, grüble ich eine Weile, während Lisa und Kirsten bereits ausdiskutieren, ob man die Affären lieber nacheinander in Angriff nehme oder parallel.

«Ja, begehren», sagt Lisa. «Und aufbegehren», ruft Lisa, das sei noch wichtiger. «Dagegen sein, immer dagegen!»

«Ja genau», sage ich, schon ein bisschen erschöpft. «Ähm, gegen was denn?», frage ich.

«Gegen alles», sagt Lisa.

Oha, denke ich. Alles. Das ist aber viel.

«Alles aufmischen, alles unterwandern», ist Lisa nicht mehr zu stoppen. Guerilla-Aktionen, Demos, Flashmobs ... Und da gäbe es ja auch noch diese ganzen coolen Oma-Gruppen von «Omas gegen Rechts» bis «Omas for Future».

«Omas gegen Opas», ergänzt Kirsten, deren Ehe mittlerweile auch schon ganz schön im Eimer ist.

«Alte Frauen gegen den Klischeebegriff Oma, der kinderlose ältere Frauen angeblich mitmeint», rege ich an, aber Lisa sagt, das sei als Gruppenname zu wenig griffig, da mache dann wieder niemand mit.

«Omas für mehr Frittenbuden», unterbreite ich stattdessen einen neuen Vorschlag.

«Sag mal, Ella», sagt Lisa und schüttelt ganz langsam den Kopf, «ich glaube, du nimmst die ganze Sache gar nicht richtig ernst.»

Fritten seien im Greisenalter natürlich gar nicht drin. Fritten seien ungesund und wahnsinnig schlecht für die Haut, sagt Lisa, aber ich beharre auf die Fritten. Ohne tägliche Fritten, vermelde ich und verschränke die Arme, mache ich nicht mit.

Die ganze schöne Stimmung ist jetzt auf einmal so trübe wie draußen das Nachmittagslicht.

Wir schweigen. Und schweigen, bis Lisa irgendwann geräuschvoll aufseufzt und sagt, sie habe sich das gerade noch mal anders überlegt. Sie wolle eigentlich doch nicht alt werden. Sie wolle doch keine weißen Vulvahaare. Sie wolle doch keine Falten kriegen.

«Ich finde Falten interessant», sage ich.

«Du findest auch Olaf Scholz interessant», sagt Lisa.

«Moment mal», sagt Kirsten und schaut auf unsere Hände: ob wir nicht eigentlich schon ein bisschen alt seien beziehungsweise auf dem besten Wege dorthin?

Wir betrachten einander.

«Nein», sagt Lisa.

«Doch», sage ich.

Lisa studiert noch einmal die Versicherungs-Werbung in der Zeitschrift, die noch immer aufgeschlagen ist.

«Die hat doch auch irgendwas geraucht, so wie die guckt», sagt Lisa und zeigt auf die weißhaarige, lächelnde Dame. «Seht euch mal die Pupillen an. Und die Mundwinkel.»

Kirsten beugt sich über die Zeitschrift, ruckelt an ihrer Brille.

«Hast recht», sagt Kirsten.

Und während ich noch das freundliche, zerfurchte Gesicht der Alten begucke, klappt Lisa die Zeitschrift zu.

«Oder wollen wir noch mal den schönen Habeck auf Amrum angucken?», fragt Lisa mit flammendem Blick und durchwühlt bereits voller Tatendrang den Stapel Magazine auf dem Fensterbrett.

«Klingt super», sagen Kirsten und ich.

Vetternwirtschaft

Es heißt, Autorinnen und Autoren seien Parasiten, saugten aus ihren Angehörigen sämtliche Erlebnisse heraus, zimmerten ungefragt Geschichten daraus und würden am Ende noch ihre Großmutter verkaufen, wenn sich der Deal witzig beschreiben ließe. Die Angehörigen seien dann natürlich ein Leben lang sauer, wendeten sich ab.

Also bei mir nicht.

«Hey, Ella», sagt Steffen und strahlt mich an, «ich habe da eine Idee. Schreib doch mal eine witzige Geschichte über mich!»

Steffen ist mein Cousin. Die schlaksigen Beine weit von sich geworfen, lümmelt er auf meiner Wohnzimmercouch, die Hände im Nacken verschränkt.

«Ja, bin ich denn keine interessante Figur?»

Steffen ist überhaupt keine interessante Figur, aber das kann ich nicht laut sagen. Nicht ein bisschen. Steffen ist komplett eindimensional, in jedem Moment seines Lebens durchschaubar.

Steffen ist so öde wie die aufgetaute Erdbeertorte, die wir gerade verspachteln, so überraschungsarm wie die Bösen in Bud-Spencer-und-Terence-Hill-Filmen, nur in die nette Richtung. Ich würde lieber Frank Elstner in meine Geschichten einbauen als ihn.

«Gemach, gemach. Irgendwann kommst du schon noch dran», winde ich mich heraus, um ein paar Jahre, Jahrzehnte Zeit zu gewinnen.

«Ich glaube», sagt Steffen und hebt beide Augenbrauen, «ich wäre für dein nächstes Buch ein echter Zugewinn.»

Eine Geschichte mit ihm als Schlüsselfigur wäre vermutlich das Masterpiece, beschwört er. Die eine Geschichte, die alle verschlingen. Eine lebenspralle, blutvolle Story mit allem Drum und Dran.

«Und wovon handelt die Geschichte?», frage ich und schiebe mir den letzten Rest Torte rein.

«Tja.» Steffen denkt nach. Grüblerisch zupft er ein paar Flusen von der Wolldecke auf seinen Knien. Dann fällt ihm etwas ein.

«Letzten Samstag hat ein Betrunkener in der U-Bahn herumgepöbelt. Der schrie, wir seien alle Trottel. Und da habe ich ihm aber gesagt: Der einzige Trottel hier bist du!»

«Das reicht nicht», sage ich.

Steffen denkt noch einmal nach.

«Einmal, als ich vom Büro nach Hause kam, dachte ich, aus dem Schlafzimmerschrank käme der Lover meiner Frau gesprungen – aber dann war es nur die zusammengerollte Matratze aus dem Oberfach, die aufklappte und die Schranktür aufriss!»

«Das reicht immer noch nicht», sage ich.

«Jetzt aufgepasst», sagt mein Cousin und rappelt sich auf, wechselt aus der Liegeposition in die sitzende. «Jetzt vertraue ich dir etwas an. Ich miete seit Jahren unter falschem Namen ein kleines Zimmer bei uns im Gewerbegebiet. Dorthin fahre ich nach Feierabend, lasse die Jalousien herab, öffne meine Spotify-Playlist, drehe den Lautsprecher auf Anschlag und tanze eine halbe Stunde Modern Jazz Dance. Im lachsfarbenen Einteiler.»

«Tust du nicht», sage ich.

Tue er doch, sagt mein Cousin, gleich ab morgen, wenn ich verspreche, ihn damit in einer Geschichte zu vergolden.

Seine Miene ist auf einmal nicht mehr ganz so siegessicher.

«Mein Gott», sagt er, seine Stimme klingt jetzt etwas maulig, «dass du immer so anspruchsvoll bist! Und ich dachte, du kannst aus allem eine Geschichte stricken. Du kannst doch mit deiner Fantasie noch ein bisschen nachhelfen, irgendetwas drum herumspinnen. Ich dachte, du bist so kreativ.»

Der Lump will mich aus der Reserve locken. Das konnte er schon immer gut, so wie damals, wenn er mich an Familienfesten mit dem Springseil an den Bettpfosten gefesselt hat.

Steffen seufzt. «Dann halt nicht heute», lenkt er ein. Ich könne mir Bedenkzeit nehmen. «Beobachte mich eine Weile. Mach dir Notizen. Verfolge mich!»

So viele Familienmitglieder hätte ich in meinen Geschichten schon eingebaut. Oma hätte ich schon verwurstet, die angeheiratete Tante integriert und den Onkel niedergemäht, geradezu demontiert. Jetzt sei er an der Reihe. Das sei nur fair.

Herrje, er wolle auch einmal unsterblich sein. Er wolle auch für immer festgehalten werden, auf Papier, zwischen zwei Buchdeckeln, schwarz auf weiß, mit einer schicken ISBN-Nummer, lang wie eine Girlande.

Steffen macht beruflich eher so flüchtige Sachen, irgendwas mit Firmen und Events, ich kann ihn schon verstehen.

Er habe, gedankenschwer zerknautscht er mein Sofakissen zwischen seinen blond behaarten Händen, eben Angst vor Vergänglichkeit. Wenn er sterbe, sei nichts mehr von ihm da, außer diesem Demotape seiner alten Metal-Band und den vorteilhaften Genen seines prächtigen Kindes. Steffen sucht meinen Blick.

«Und die des unehelichen», schiebt er hinterher und sieht mich spitzbübisch an.

Huch. Ich muss aufpassen, nicht zu beeindruckt zu wirken. So viel Mehrdimensionalität, so viel Geheimnis hätte ich ihm gar nicht zugetraut.

«Jeder Mittvierziger, der etwas auf sich hält, hat uneheliche Kinder», sage ich ungerührt.

«Aber nicht mit einer weißrussischen Restauratorin ohne Aufenthaltsgenehmigung, die nebenher noch was mit Frauen hat», sagt er.

«Das glaubt dann eh wieder keiner», sage ich. Das sei für meine Leser*innen dann ein Tickchen zu viel. Man dürfe sie nicht überfordern.

«Dann lass die Lesbenkiste halt weg», sagt Steffen. Himmel, er könne mir Dinge von sich erzählen ... richtig schlimme, perverse Dinge. Ich würde ihn sofort vor die Tür setzen. «Jaha, jeder Mensch hat Abgründe», äfft mich Steffen vorsorglich nach, aber er habe nun mal besonders viele und tiefe. Seine Stimme wird jetzt beunruhigend laut. Richtig kranke Abgründe, die Ausweis schlimmsten Narzissmus seien, ja einer Persönlichkeitsstörung tiefgreifendster Art.

Seine seehundschwarzen Augen sehen mich flehend an. Wie früher, wenn er mich bat, meiner Mutter nicht zu erzählen, wer wieder unser Naschregal ausgeräumt hat.

«Jetzt hab dich nicht so. Degradiere mich einfach zu einer literarischen Figur», sagt Steffen. Wenn es sein muss, auch zu einer armseligen, einer jämmerlichen Figur, einem Loser, dem totalen Schwachmaten. Man dürfe ja, hehe, in Geschichten die Wirklichkeit ruhig ein wenig verfremden, ins totale Gegenteil verkehren. «Verändere mich. Nenn mich um. Nenn mich Tobias!» Tobias wollte er immer schon gerne mal heißen. «Lass mich Dinge tun, die ich sonst nie täte. Lass mich nackt und hackedicht durch Innenstädte irren und dabei Leute anpöbeln, richtig viele Leute!», ruft Steffen. «Kleb mir einen Bart an.

Steck mich in ein Pinguinkostüm. Lass mich sterben. Komm schon. Mach mich zu einer lächerlichen Figur. Und meine Frau

gleich mit!»

Jaaa, seine Frau ganz besonders, so lächerlich und armselig, und sexunlustig und cholerisch obendrein.

«Aber nix mit Drogen», das sei ihm wichtig. Steffen hebt einen Zeigefinger. Vor allem keine Zigaretten, die lehne er strikt ab. Und bloß nichts Intelligentes, kein verkopftes Geschwafel. Das würde seinen Kumpels und seinen Geschäftspartnern eher nicht imponieren, wenn sie die Geschichte verschlängen.

Ich fühle, wir kommen nicht recht zusammen.

«Hundert Euro», sagt Steffen.

«Ich bin nicht korrumpierbar», sage ich.

«Dreihundert Euro», sagt Steffen.

Ich bin doch korrumpierbar.

«Fünfhundert», sage ich. Und selbst dann müsse ich noch mal eine Nacht darüber schlafen, ob das mit meinem Ethos als Schriftstellerin überhaupt vereinbar sei.

«Komm schon, nimm's an», haut mir mein Cousin auf die Schulter. Das sei schon okay. Früher hätte der Adel auch viel Geld dafür geblecht, um auf einem Gemälde aufzutauchen. «Betrachte mich einfach als deinen Mäzen», zwinkert er. Arme Schreiberlinge wie ich dürften auch mal ein Zubrot annehmen von Top-Verdienern wie ihm.

Bleibt nur eine Frage offen.

«Thema, Thema, du immer mit deinem Thema», ächzt Steffen. «Aber gut. Dann schreib doch einfach ... über dieses Gespräch.»

Es ist ein unspektakuläres Gespräch, ohne jede Dramaturgie.

«Es passiert doch nichts», sage ich.

«Und was, wenn doch?», fragt er. Geheimnisvoll beugt er sich über den Wohnzimmertisch.

Er könne etwas aus dem Fenster werfen, zum Beispiel meine hübschen Gesamtausgaben von Heinrich Heine und Max Goldt. Er könne selber aus dem Fenster springen.

«Es ist Hochparterre», sage ich.

Er könne mir Dinge an den Kopf werfen, sagt Steffen. Diese Vase oder wie du mich als Kind immer mit dem Springseil an deinen Bettpfosten gefesselt hast.

«Du lieber Himmel», sagt Steffen, «ist das Thema nicht strunzegal? Geht es nicht eher um das Wie als das Was? Ist die Sprache nicht wichtiger als der Content? Das faselst du doch immer.»

Er habe, sagt Steffen und kramt ein paar Zettel aus der Hosentasche, übrigens schon ein paar Passagen vorformuliert, so wie der Arbeitnehmer sein Arbeitszeugnis. Das mache man heute so.

Steffen räuspert sich, deklamiert die ersten Zeilen: «Es heißt, Autorinnen und Autoren seien Parasiten, saugten aus ihren Angehörigen sämtliche Erlebnisse heraus, zimmerten ungefragt Geschichten daraus.»

Uff, das wird mir jetzt ein wenig zu meta. Das wird zu komplex. So was wollen die Leute nicht lesen, denke ich, aber Steffen referiert einfach weiter. Weiter und weiter, und ich höre interessiert zu.

«Na gut, gib her», sage ich am Ende. «Ist gar nicht mal so schlecht.»

Hawaii

Mit dem Älterwerden mehren sich die großen Fragen, und alle diese großen Fragen kreisen um mich selbst. Wer bin ich? Wer will ich sein? Und wieso existiere ich überhaupt?

Also, auf die ersten beiden Fragen habe sie auch keine Antwort, sagt meine Mutter im Gartenstuhl neben mir, aber Letzteres könne sie mir im Detail erzählen. Ja, Letzteres, sagt meine Mutter, wisse sie noch ziemlich gut.

Wir sitzen zu zweit auf ihrer Terrasse, zwischen den Rosensträuchern.

«Zwölfter Februar», sagt meine Mutter und schwenkt ihr Saftglas in der Hand hin und her, dass die Eiswürfel klimpern.

«Ein Montag», sagt meine Mutter.

«Wow», sage ich. «Dass du das noch weißt?»

«Als wäre es gestern gewesen», sagt meine Mutter und blinzelt in die Sommersonne. «Als wäre es vor fünf Minuten gewesen», sagt meine Mutter. «Als wäre es vor fünf Sekunden gewesen», schnurrt meine Mutter und kriegt plötzlich wieder diesen einen weltentrückten Blick. Oh nein, denke ich, nicht den! Lieber den anderen, den selbstgefälligen mit den hochgezogenen Augenbrauen, oder diesen einen irren mit den blitzenden Pupillen. Aber doch nicht den!

Meine Mutter nimmt noch einen guten Schluck Holundersaft, räkelt sich in ihrem Gartenstuhl.

«Also», sagt meine Mutter.

Moment mal, denke ich. Vielleicht will ich das, was jetzt kommen mag, gar nicht so genau wissen, aber da legt Mutter schon los.

«Es war der zwölfte Februar Neunundsiebzig, kurz vor sechs», eröffnet meine Mutter. «Draußen war es zu dieser Jahreszeit bereits stockdunkel und die Luft schneidend kalt. So kalt wie die Eisaugen von Margaret Thatcher, die sich in jenen Wochen gerade daranmachte, das britische Unterhaus zu erobern. Bei Gott, es waren turbulente Zeiten, das musst du wissen. Der Kalte Krieg auf Hochtouren, Deutschland im Würgegriff der RAF und Helmut Schmidt der inkompetenteste Kanzler aller Zeiten. Schlimme Dinge passierten: atomare Aufrüstung, Geiselnahmen, die erste Rock-Revue von Udo Lindenberg. Und irgendwo da draußen tobte die Revolution. Also weit draußen, so dreitausend Kilometer entfernt. Ich stand an diesem frühen Abend in der Küche, kredenzte ein Göttermahl vom Feinsten und wartete, bis dein Vater von der Arbeit kam. Wir wollten an jenem Abend irgendetwas feiern, aber frag mich nicht mehr, was. Deine Entstehung konnte es ja noch nicht sein. War es der Sturz des Schahs? Aber das war mir eigentlich auch egal. Schah und Chomeini, Böse und Sehrböse, da stieg niemand mehr durch. Und da hörte ich auf einmal diesen einen sehnlich erwarteten Ton. Wie Himmelsläuten. Wie Engelsfanfaren. Die Türglocke. Ring, ring! Es klingelte. Es klingelte wieder. Und diesmal lauter, fordernder. RING, RING, RING! So laut und fordernd, ich dachte schon, das sei die versammelte zweite Generation der RAF, die bei mir um Unterschlupf bittet. Ich lasse also alles stehen und liegen und gehe zur Tür. Nein laufe, nein fliege der Wohnungstür entgegen, in meiner orange-rot gemusterten Rüschenbluse. Himmel, sah ich gut aus an diesem Tag. Und da steht er im Türrahmen. Dein Vater. Der zu diesem Zeitpunkt natürlich noch gar nicht dein Vater war, aber jeden Moment werden konnte, jede Sekunde, so gut sah er damals aus, mit seinen muskulösen Armen, die sich unter dem engen Cordsakko geheimnisvoll wölbten.

Mit seinem blonden Rauschebart, der alle Unebenheiten und unvorteilhaften Gesichtskomponenten unter sich begrub. Ein Bart, der an diesem Abend jedoch nass und trostlos herabhing. Es hatte wohl geregnet. Die Aktentasche, der Anorak, alles klebte an seinem Körper. Bisschen verlottert sah er aus, so wie diese Schlaffis von den GRÜNEN, die sich in jenen Tagen gerade zusammentaten. Da stand er. In der linken Hand ein paar geklaute Schneeglöckchen, in der rechten eine Schachtel Mon Chéri.»

«Katzenzungen», ertönt da auf einmal eine Stimme hinter den Rosensträuchern. Zwischen den scharlachroten Blüten erscheint der schlohweiße Kopf meines Vaters. «Das waren Katzenzungen. Diese einfachen aus Vollmilch. Jetzt übertreib nicht wieder.»

«Huch! Da bist du ja», sagt meine Mutter und dreht sich zu ihm um. «Dass du dich immer so lautlos anschleichen musst», tadelt meine Mutter und zeigt auf den freien Gartenstuhl. «Na komm her, setz dich zu uns. Ist gerade spannend.»

«Katzenzungen», beharrt mein Vater und lässt sich in den Korbstuhl mir gegenüber fallen.

«Na, wie auch immer», sagt meine Mutter. «Er, dein angehender Vater, stiefelte also in die Wohnung. Er zog die triefnassen Schnürschuhe aus. Er zog die nassen Socken aus. Er zog die nasse Hose aus und die nasse Jacke noch dazu. Er zog ... haha, jetzt guck nicht so erschrocken», sagt meine Mutter und guckt mich an. «Mehr nicht, der Rest war noch trocken. In blütenweißem Hemd stand er im Wohnzimmer und schnupperte, dass seine hübschen Nasenflügel bebten, pries den betörenden Küchengeruch und mein neues Lilienparfüm – zwei Aromen, die sich an diesem Abend schicksalsschwer miteinander vermengten. Dann haben wir uns in die Sofaecke gesetzt. Und dann, ja, dann wurde es richtig nett. Dann haben wir erst mal eine gequarzt. Oder vier, bis die ganze Bude voller Rauch war. Super. So war das damals. Na, da saßen wir nun und warteten, dass das Essen im Ofen fertig war. Der Raum war bis zum Platzen mit Spannung und Camel-Qualm gefüllt. Und dann, ganz plötzlich, wie aus dem Nichts, näherten sich mir die spröden Lippen deines Vaters. Näher kamen sie. Und noch näher, dass ich mich bereits fragte, ob er mich denn gleich im Sturm erobern würde wie fünf Tage später die Chinesen Nordvietnam? Und dann drang er in mich ein. Also mit Worten. ‹Küss mich. Meine Liebe›, hauchte er. ‹Küss mich bis zum Morgengrauen. Küss mich, küss mich! Bitte, bitte, bitte!›»

«Haha, das habe ich ganz sicher nicht gesagt», wirft mein Vater ein. «So rede ich doch nicht. Hallo? Ich bin ein Mann. Ich bin Franke. Ich bin Mitglied im ADAC. So rede ich doch nicht!»

Meine Mutter rollt mit den Augen und sagt, er könne gerne im «Hamburger Abendblatt» eine Gegendarstellung erwirken, aber hier und jetzt wolle sie die Geschichte gerne weitererzählen, sie vollenden, ihre ihr innewohnende Dramaturgie vorantreiben, sie schreie förmlich danach. Mutters Zeigefinger weist auf mich. «Sonst wird diese arme, mittelalte Frau niemals erfahren, warum sie existiert.»

Ich sage, dass das vollkommen okay wäre. Ich sage, dass ich diese eine Frage eigentlich eher so metaphorisch gemeint hätte, so allgemein menschlich.

«Wir können auch über was ganz anderes reden. Zum Beispiel über die neuen Terrassenmöbel, die ihr euch kaufen wollt», schlage ich vor, aber meine Mutter sagt, das könnten wir nicht. Wir seien in der Geschichte schon so tief drin, kurz vorm Klimax, jetzt gäbe es kein Zurück.

«Also. Alles war perfekt», fährt meine Mutter fort. «Das sanfte Licht der Lavalampe. Der Plattenspieler, auf dem dieses eine stimmungsvolle Album lief. Die kitzligen Haarbüschel deines Vaters in meinem Nacken, oder war das der Flokati-Überwurf auf dem Sofa? Und irgendwann meine Lippen ganz nah am Ohr deines Vaters. ‹Sage mal, wollen wir nicht den Familienkreis ein wenig erweitern und ein kleines Mädchen fabrizieren, das die buntesten Neurosen hat und uns im Alter pflegt?› Haha, das sagte ich natürlich nicht», sagt meine Mutter. «Du warst ja gar nicht geplant.»

«Nicht geplant?», frage ich.

«Doch», sagt meine Mutter. «Für fünf Jahre später.»

«Außerdem war in dieser Nacht kein abnehmender Mond», sagt mein Vater.

«Pssst», macht meine Mutter.

Ich gucke von einer zum anderen.

«Nun ja», sagt meine Mutter. «So sagte man damals: Bei abnehmendem Mond würde es ein Junge. Jetzt zieh nicht diese Schmollschnute! Alle wollten damals einen Jungen. Es war die Blütezeit des Nachkriegspatriarchats, der Stammhaltergedanke steckte noch tief drin. Ja, und dann knöpft er ganz sachte meinen obersten Blusenknopf auf. Er knöpft meinen zweitobersten Blusenknopf auf. Er knöpft meinen drittobersten ...»

«Wie in Slow Motion», sage ich.

«Es war Slow Motion», sagt meine Mutter. «Weil dein Vater zu blöd war, die Knöpfe aufzukriegen. Deshalb säuselte, nein zischte ich ihm ins Ohr: ‹Mach hinne, das Essen ist gleich fertig!› Ja, so hat man damals nun mal geredet. Alles war in der alten BRD etwas hitziger, direkter. Pershing-Demos, Radikalenerlass, das war ja alles etwas blutvoller als heute. Oder glaubst du, Helmut Schmidt und Brigitte Mohnhaupt hätten ‹Bitte schön› und ‹Danke schön› zueinander gesagt?»

Da kommt mir eine Frage.

«Was war denn eigentlich im Backofen?», frage ich.

«Toast Hawaii», sagt meine Mutter. «Was denn, was denn, was soll denn dieses Gesicht? Ist das dem Anlass deiner Meinung nach nicht angemessen? Hätte es ein Rehbraten sein sollen, überträufelt mit Rotweinsoße? Cordon bleu im Preiselbeerbett? Jetzt freu dich deines Lebens und hör einfach gut zu.»

Da kommt mir noch eine Frage.

«Und was lief eigentlich für Musik?», frage ich.

«David Bowie», sagt meine Mutter.

«Klingt gut», sagt mein Vater. «Klingt fantastisch», sagt mein Vater, «war aber Tony Marshall.»

«Bowie!»

«Marshall.»

Meine Mutter verschränkt die Arme. Ob hier jemand jetzt schon wieder so streitlustig dazwischensabbeln müsse? Ob es nicht ein Mal, ein einziges Mal so harmonisch, so einmütig zugehen könne wie damals auf den Parteitagen der SED?

«Besserwisser», brummt meine Mutter. «Krümelkacker!»

«Wahrheitsverdreherin», kontert mein Vater. «Schwindlerin!»

«Meckerfritze! Querulant! Joschka Fischer!», dreht meine Mutter auf.

«Wer es sagt, ist es selber», tönt mein Vater. «Alte Psychologen-Weisheit», zwinkert er mir zu. «Und jetzt guck dir deine Mutter an. Wie sie schmollt. Genau wie Tony Marshall, nachdem er wieder einmal nicht den Echo gewonnen hat», stichelt mein Vater.

Eisiges Schweigen. Blicke schießen wie Blitze hin und her. Niemand trachtet nach Versöhnung. Außer mir.

Bowie wäre mir schon lieber, versuche ich, den Streit irgendwie zu schlichten. Bowie könnten wir doch einfach

stehen lassen. Man müsse es mit der Wahrheit ja nicht immer so genau nehmen, sage ich, aber meine Mutter beachtet mich
 nicht, fixiert nur meinen Vater.

«Dass du immer alles kaputtmachen musst», mault sie, «immer. Alles! Ob meine Blusenknöpfe oder den Ursprungsmythos deiner ältesten Tochter. Meine schönste Geschichte!»

«Deine Geschichte?», ruft mein Vater. Hinter seinem sonst so gutmütigen Blick beginnt es zu brodeln. «Wer hat denn im weiteren Verlauf der Handlung beherzt die Initiative ergriffen? – Bowie», schiebt er kopfschüttelnd hinterher und guckt meine Mutter an. «Das wüsst ich aber!»

«Ha, woher denn?», sagt meine Mutter. «Du warst doch gar nicht dabei.»

Mein Vater und ich gucken meine Mutter an.

«Also mental», sagt meine Mutter. «Du standest doch schon ganz schön neben dir. Du warst doch schon ganz flatterig», schiebt sie nach, beugt sich über den Terrassentisch und berührt die Hand meines Vaters, ganz leicht. «Natürlich war mein Rauschebärtchen dabei. Sogar sehr dabei. Denn, weißt du noch», sagt meine Mutter, beugt sich noch ein Stück weit vor und flüstert meinem Vater etwas ins Ohr. Und dann glimmt in seinen Augen irgendetwas auf.

Sie tuscheln. Lange. Unendlich lang.

«Ähm, Moment mal. Das gilt nicht», sage ich. Sie tuscheln weiter. «Wer flüstert, lügt», sage ich.

Jetzt wolle ich eigentlich doch ganz gerne wissen, wie es weitergeht. Jetzt wolle ich den Ausgang der Geschichte doch noch hören, das stehe mir irgendwie zu. «Das Ende. Das große Finale.»

«Du meinst die komplett verkohlten Hawaii-Toasts?», fragt mein Vater. Beide kichern.

«Weißt du noch? Die verbrannten Ananasstückchen konnte man kaum noch erkennen», lacht mein Vater.

«Und die Emmentaler-Scheiben waren nichts als schwarze Asche», prustet meine Mutter.

«Nee. Das war Gouda», sagt mein Vater und pustet meiner Mutter eine graue Haarsträhne aus dem Gesicht.

«Ich hole dann mal noch ein paar Eiswürfel», sage ich, verschwinde ins Haus und lasse die beiden allein.

Es geht mir gut

Es geht mir gut. Mein Leben ist schön. Ich besitze die wunderbarsten Dinge. Dinge, von denen meine Vorfahr*innen nur träumen konnten. Zum Beispiel Salz. Im 17. Jahrhundert hätten die europäischen Fürsten einander für jede 500-Gramm-Packung Bad Reichenhaller Alpen-Jodsalz getötet, so kostbar war damals das «weiße Gold». Und ich sitze hier gemütlich mit meinen drei Packungen und freue mich des Lebens.

Ich habe alles, was ich brauche. Ich habe Zugang zu Bananen, fließend Wasser und einer in Grundzügen funktionierenden Demokratie. Wenn ich Lust darauf habe, kann ich mir eine Kiwi kaufen, jederzeit. Cäsar konnte das nicht. Napoleon konnte das nicht. Noch vor 100 Jahren waren Kiwis erlesene Grabbeigaben und Krönungsgeschenke, serviert auf juwelenbesetzten Tabletts, sogar die ekligen, matschigen.

Es geht mir gut. Ich weiß, dass ich niemals in die Hölle komme, auch wenn ich aus der Kirche ausgetreten bin. Es muss sehr kräftezehrend sein, gegen Lebensende bangen zu müssen, für irgendeinen belanglosen Schnullibulli in die Hölle zu kommen. Wie soll man da friedlich sein Testament überarbeiten? Wie soll man da in Ruhe am Sterbebett seine Nachkommen zur Sau machen?

Ich kann sagen, dass ich mit der ganzen Gott-Kiste gar nicht so viel anfangen kann und Odin und Ischtar auch ganz interessante Charaktere sind, und werde von niemandem getötet, außer von den Blicken des CDU-Vorsitzenden meines Wahlkreises, der alle paar Jahre vor meiner Wohnungstür steht.

Ich muss keinen unnötigen Ballast mit mir herumschleppen: keine Seele, kein Ehrgefühl, keine Keuschheit und nicht das kleinste Fitzelchen Nationalstolz.

Ich kann Wasser in die Wanne füllen, ohne vorher zehnmal zum Dorfbrunnen zu laufen. Ich habe ein gut funktionierendes Deo. Mit so fragwürdigem Scheißaluminium, ja, aber es wirkt super. Ich habe unplattbare Fahrradreifen. Ich habe eine Menstruations-App. Wie Frauen in früheren Zeiten ihr Leben bewältigt haben, ist mir schleierhaft.

Mein Computer besitzt mehr Weltwissen als all meine Vorfahren zusammen, inklusive meines Klugscheißer-Onkels, der den Kleinen Brockhaus von 1961 auswendig kann.

Ich bin von niemandem leibeigen, außer von meinen Kindern.

Ich kann über den Wolken schweben. Ich kann in ein Flugzeug steigen. Ich kann einen Privatjet anmieten, sobald ich meine Salzvorräte gewinnbringend verkaufe. Dann kann ich endlich nach New York fliegen. Davon träume ich schon lange. Meine Urgroßmutter war noch nicht einmal in Jork bei Stade.

Ich kann durch sämtliche Alleen, Chausseen und verwunschenen Gässchen dieses Planeten laufen. Über fernste, sagenumwobenste Wege, ganz ohne mein Bett zu verlassen. Herrlich ist das, stundenlang per Google Earth über Wüstenstraßen und verschneite Pfade Alaskas zu streifen. Erst kürzlich bin ich zu meiner ersten Alpenüberquerung aufgebrochen und war nach nur zwölf Minuten wieder zurück.

Ich kann mir die Radieschen von oben ansehen. Von sehr weit oben, so aus 100 000 Kilometer Entfernung, wenn ich beim digitalen Kartendienst ganz weit nach oben scrolle. Ich kann mir die Radieschen von unten ansehen, in dieser lustigen App für Studierende der Agrarwissenschaften. Zeit dafür habe ich ja. Ich muss erst in fünf Tagen auf einer Familienfeier in Berlin sein und heute noch nicht mit dem Pferdefuhrwerk los.

Ich kann mir die Venus von Botticelli angucken, stundenlang, ohne dass mich in den Florenzer Uffizien ein irischer Tourist zur Seite drängt. Oh, wie sehr haben all die Renaissance-Bauern und Gelehrten davon geträumt, das Bildnis der Venus mit eigenen Augen zu sehen – und Sandro Botticelli, nachdem er das Gemälde bedauerlicherweise an einen Medici-Fürsten namens Lorenzo di Pierfrancesco verkauft hat, der es vor der Welt verschlossen in sein Schlafzimmer hing.

Es geht mir gut. Wenn ich sinnlosen Quatsch in die Tasten tippe, drücke ich nachher einfach auf «Entf». So wie gerade eben. In früheren Zeiten hätte ich das Blatt Papier erst mal umständlich aus der Schreibmaschine frickeln müssen, zerknüllen, theatral den Kaminflammen übergeben und bußfertig drum herumtanzen, so wie man es sich von Bertolt Brecht oder Günter Grass erzählt.

Ich lebe im Kapitalismus. Nicht so toll, ich weiß, aber immer noch toller als ein Leben im Absolutismus oder im Gottesstaat. Gottesstaat stelle ich mir schon ziemlich unangenehm vor, insbesondere als Frau, Künstler*in oder Atheist*in.

Früher war das Leben besser, hat meine Großmutter gerne gesagt. Aber früher war das Leben eigentlich überhaupt nie besser, außer für weiße, heterosexuelle cis-Fürsten, die irgendwie immun gegen Pest und Tuberkulose waren und keinen großen Jieper auf Kiwis hatten. Für die muss das Leben allerdings wirklich sehr, sehr angenehm gewesen sein. So angenehm!

Ich habe jede Menge Optionen. Wenn es dunkel ist, kann ich Licht anschalten. Magisch. Das erfreut mich jedes Mal.

Ich könnte den demokratischen Prozess mitgestalten und mich im Stadtteilbeirat engagieren. Ich könnte mich auf einen öffentlichen Platz stellen und rufen, dass ich unseren Kanzler stürzen will. Will ich aber nicht. Ja klar, Olaf Scholz ist nicht der vertrauenswürdigste Potentat aller Zeiten. Aber er ist nicht Francisco Franco. Er ist nicht Iwan der Schreckliche, die Herzkönigin oder Nicolae Ceaușescu, auch wenn er genauso guckt.

In einer Metropole wie Hamburg habe ich die Wahl zwischen 500 Eissorten (in Berlin sollen es über 5000 sein). Im Mittelalter gab es nur sieben Sorten in den Geschmacksrichtungen Vanille, Met, Brackwasser, Lebertran, Tollkirsche, Quecksilber und Ratte.

Ich trage unter meinem Kleid einen BH und Unterhose und dazwischen nichts. Ich muss kein Fischgrätkorsett tragen. Es muss sehr unschön gewesen sein, mit solch einem Korsett im Kino z.B. einen Greta-Gerwig-Film zu gucken, und plötzlich muss man ganz dringend aufs Klo. Ehe man auf der Damentoilette das Korsett auf- und wieder zugefriemelt hat, läuft bereits der Abspann.

Ich bin meistens gesund. Ich kann eine Lungenentzündung überleben. Ich muss keine Angst vor Kinderlähmung haben. Wenn ich krank bin, kann ich auch mal Antibiotika kriegen. Wenn ich sterbenskrank bin, kann ich Morphium bekommen.

Und jetzt das Beste: Ich bin am Leben. Mit über vierzig. Halleluja! Das gefällt mir richtig gut. Früher wäre ich mit hoher Wahrscheinlichkeit längst tot gewesen, bei der damaligen Lebenserwartung, zumindest aber abgeschoben in irgendein Irren- oder Siechenhaus. Da hätte ich im Leben so einiges verpasst. Zum Beispiel die ganzen Ü-60-Partys, die Scheidungen meiner Freundinnen und alle meine Enkelkinder.

Ja klar: Manchmal denke ich schon, ich lebe in finsteren Zeiten. Aber die Jahre 200 000 vor Christi bis 2000 nach Christi waren fast durchgängig noch finsterer. Jahre, in denen die

Menschen ihre Zeit damit verbrachten, ungesalzene Graupen zu mampfen, von Deos zu träumen und Homosexuelle

zu verhöhnen. Ganze Familien picknickten vor öffentlichen Enthauptungen. Schon seltsam. Da fehlt mir irgendwie das Verständnis. Da bin ich vielleicht nicht genug im historischen Kontext drin.

Will sagen: Es geht uns gar nicht mal so schlecht, denn in den Jahren 2024 bis 2100 ff. geht es uns vermutlich eher noch schlechter, so wie das hier gerade alles aussieht. Das nächste Jahrhundert soll ja vermutlich nicht so toll werden; das 22. Jahrhundert, das die Klimaforscher*innen schon jetzt das «Höllenjahrhundert» nennen.

Das ist leider keine gute Aussicht. Das ist leider kein gutes Textende, sagt meine Lektorin und nippt an ihrem Kiwi-Bananen-Smoothie. Deshalb lieber noch etwas Erbaulicheres zum Schluss. Das Einzige, was noch besser, noch erhebender als ein Blick in die Vergangenheit ist: der Tiervergleich.

Ich bin ein Mensch. Ich bin kein Nacktmull. Ich bin kein Schneeleopard und kein Riesenpanda. Ich habe zwei Beine. Ich kann aufrecht gehen. Alle meine ernst zu nehmenden Fressfeinde sind seit Jahrhunderten tot.

Ich habe Sex. Normalen. Nicht wie die Quallen. Obwohl die ihre Form von Sex vielleicht auch völlig normal und antörnend finden, keine Ahnung, Quallen sollen ja insgesamt etwas seltsam sein.

Die männliche Qualle heftet der weiblichen einen Beutel voller Sperma an den Körper, das dann durch irgendeine Körperstelle in sie eindringt. Nach menschlichen Maßstäben vollkommen abwegig (wobei ich mir den Sex von weiten Teilen meiner Verwandtschaft auch lieber so vorstellen möchte).

Ich habe drei Kinder. Drei nur, wie gut! Hasenweibchen

gebären um die zwanzig Kinder. Pro Jahr. Was folgt: endlos zermürbende Kindergeldanträge, Elternabende und Genörgel am Mittagstisch. Wenn die einen Kinder endlich mal die Erbsen mögen, pulen die anderen schon wieder die Möhren heraus. «Möhren?», würde ich als Kaninchenmutter ausrufen. «Ihr verwöhnten Mümmelkinder, Möhren mögen doch alle Kaninchen!»

«Aber nicht gekochte», nölen 75 der Karnickelkinder im Chor und schmieren sich Nutella-Toasts. Die Hölle.

Es geht mir gut. Ich kann sprechen. Ich kann lesen. Ich kann riechen, aber nicht besonders gut. Auch ganz angenehm. Nicht wie der Europäische Aal, der einen einzigen Tropfen Chanel No. 5 im Bodensee ausfindig machen kann. Wie es ein solcher Aal in einer x-beliebigen deutschen Diskothek voller Schweiß, Geilheit und Knallfürzen bis zum Morgengrauen aushält, mag ich mir lieber gar nicht ausmalen. Oder doch.

Es geht mir gut.

Die ideale Putzkraft

Nie hätte ich gedacht, dass ich mal an diesem Punkt im Leben stünde. Ich brauche eine Putzhilfe, sofort. Seht euch meine Küche an. Seht euch mein Schlafzimmer an. Die Staubmäuse unter meinem Bett und die Kinder der Staubmäuse und Kinder der Kinder, die sich alle wie die Karnickel vermehren, also wie die Fusselkarnickel aus Hautschuppen und Kopfhaaren, die hier auch noch alle hausen. Seht euch mein Badezimmer an. Seht euch mein Klo an. Aber bitte nicht unter dem Deckel.

Eine Putzhilfe ist das, was ich eigentlich niemals haben wollte. Hallo, ich bin Sozialistin. Niemand darf ausgebeutet werden. Niemand soll die Drecksarbeit anderer Leute machen. Laut Marx sollen alle Menschen die gleichen Arbeitsmöglichkeiten und Freiheiten haben: morgens jagen, mittags fischen und abends die Kackereste unter der Klobrille gefälligst selber wegschrubben. Eine andere Welt ist möglich!

Lässt aber auf sich warten. Bis es also so weit ist, überfliege ich auf dem Buchungsportal für Hamburger Putzkräfte doch mal das Angebot. Ich betrachte die Porträtfotos. Bei den meisten Menschen finde ich die Vorstellung, dass sie meine Wohnung putzen, eher unangenehm.

Junge Frau – unangenehm. Alte Frau – unangenehm. Frau mit Migrationshintergrund – unangenehm. Mann mit Migrationshintergrund – unangenehm. Mann ohne Migrationshintergrund – entdecke ich keinen, finde die Vorstellung aber irgendwie ein bisschen weniger unangenehm. Eigentlich überhaupt nicht unangenehm, je länger ich darüber nachdenke.

Und da steht er plötzlich vor mir, mit rosiger Haut und nussbraunem, leicht angegrautem Haar – schält sich schemenhaft aus meinen Tagträumen und dem Nieselregen vor meiner Tür.

Mein idealer Putzmann. Da ist er. Er ist groß. So groß wie Markus Söder und noch größer. Alter: zwischen 40 und 50. Keltischer Hauttyp, wie es in der Kosmetikbranche heißt, kantiges Kinn und Schultern, so klotzig wie sein Lächeln. Da lehnt er, im Rahmen meiner Wohnungstür in seinem besten Anzug.

«Klopf, klopf, klopf!», sagt er, obwohl die Tür bereits offen steht. «Einen wunderschönen guten Tag», strahlt er. «Ich bin der, nach dem du suchst!»

Ich möchte, dass mein Putzmann ein Gewinnerlächeln hat und einen Gewinnernamen noch dazu. Maximilian soll er heißen, Finn-Alexander könnte er heißen, Gordon Gekko oder Hendrik Wüst. Ich möchte, dass mein Putzmann das ölige Grinsen von Volker Wissing hat, die stahlblauen, blitzenden Augen von Christian Lindner und das Ego von Elon Musk.

Ich möchte, dass mein Putzmann ein routinierter Smalltalker ist. Zum Warmwerden plaudern wir etwas, das heißt: er. Zufrieden preist er den Sonnenschein, nennt die globale Erderwärmung in diesen Breitengraden eigentlich ganz angenehm und Friedrich Merz den besten Oppositionsführer seit der Weimarer Republik.

Ich möchte, dass «der Mann fürs Grobe mit den fein geschnittenen Gesichtszügen», wie er sich auf seiner hochwertig gestalteten Visitenkarte nennt, in seiner Freizeit Oldtimer sammelt, antiquarische Armbanduhren sowie kunstvolle Aktfotos in Schwarz-Weiß, und alle diese Aktfotos zeigen nur ihn selbst. Seine Hobbys sind Polo spielen, golfen und Badezimmerfliesen entkalken.

Ich möchte, dass mein Putzmann seine Arbeit gerne tut. Ich möchte, dass er hinter seinem Rücken einen Feudel hervorholt.

«Ella, weißt du, was das hier ist?», fragt mein Putzmann.

Bedeutungsvolle Pause.

«Mein Freudel», sagt mein Putzmann. «Weil es mir Spaß macht!»

Ich möchte, dass er in seinem Hauptberuf irgendwas ganz anderes ist, Reeder oder Top-Anwalt oder so, aber das lastet ihn nicht voll aus. Ich möchte, dass er in seinem Leben noch etwas anderes sucht. Jeden Tag.

«Herausforderungen!», sagt mein Putzmann. Sein neugieriger Lindner-Blick schweift durch meinen Flur. Herausforderungen, die, wenn er sich hier so umsehe, in dieser Wohnung so zahlreich, so gigantisch seien wie auf seiner letzten Tour durch den Himalaja.

Ob ich seine Referenzen, Zertifikate, Zusatz-Zertifikate und hymnischen Online-Rezis sehen wolle, fragt mein Putzmann.

«Nein», sage ich, und er holt alle heraus, fächert sie auf dem Rand meines Küchentischs auf mit seinen makellosen, kein bisschen rauen Händen. Wie das als Putzmann gehen soll, weiß ich auch nicht. Ob das jetzt in der Branche realistisch ist, kann ich nicht sagen, aber kommt, Leute, es ist egal. Man muss auch nicht immer alles hinterfragen. Man darf auch einfach Träume haben. Wie den, dass mein Putzmann jetzt sein sündhaft teures Jackett auszieht und die Ärmel seines Businesshemdes hochkrempelt.

Er ist ein Macher. Ein Schnellmacher und Gutmacher.

«Und Richtigmacher», betont mein Putzmann, das sei wichtig.

Falsch machen könne jeder. Falsch putzen könnten die anderen.

«Soll ich dir sagen, was die beste Art des Wischens ist?», fragt mein Putzmann.

Ich verneine.

«Gründlich wischen», sagt mein Putzmann. «Immer von oben nach unten.» Und regelmäßig einen frischen Lappen benutzen, niemals wochenlang denselben, sonst werde der sofort zur Spielwiese, zur sozialen Hängematte für Bakterien und Mikroorganismen aller Art! Sein Blick hat jetzt etwas sehr Intensives.

Natürlich finden wir einander körperlich kein bisschen anziehend. Natürlich würde ich niemals mit ihm vögeln.

Natürlich würde er, Maximilian-Alexander, niemals mit mir vögeln, sagt mein Putzmann. Das stelle er vorab klar. Sorry! Wenn ich jetzt noch stornieren wolle, wäre das okay.

Ich sage, dass ich nicht stornieren wolle, und reiche ihm den Eimer mit meinen Reinigungsmitteln, so wie man das wohl macht.

Mein Putzmann betrachtet den Inhalt. Schüttelt den Kopf.

«Echt jetzt? Ajax?», ruft er aus. «Der weiße Wirbelwind», dass er nicht lache. «Mann, Ella, das Zeug hat doch gar keine Erfolgsformel. Das hat doch gar keine Schlierenfrei-Garantie!»

Aber ich könne aufatmen. Er habe alles dabei. Die besten Putzmittel. Die Marktführer. Federnden Schrittes schreitet er ins Freie und holt aus seinem BMW 8er Cabriolet einen prall gefüllten Rollkoffer.

«Das hier», sagt er, wieder zurück, und hebt eine Flasche in die Höhe. «Das ist der Sieg der Sauberkeit», um mal einen alten Werbeclaim zu zitieren. Ja, das klänge vielleicht ein wenig martialisch, sagt mein Putzmann – vollkommen zu Recht. «Putzen ist Kampf», sagt mein Putzmann. «Putzen ist

Krieg», freut sich mein Putzmann. «Und wenn ich mich bei dir hier so umgucke, ein Dreifrontenkrieg mit unvermeidlicher Generalmobilmachung», lacht mein Putzmann.

«Jetzt fang aber auch mal an», sage ich.

«Ich fange dann jetzt mal an», sagt mein Putzmann, greift nach einem Lappen und legt los.

Ich möchte, dass mein Putzmann bei der Arbeit das, was er tut, die ganze Zeit kommentiert. «Ratz fatz, rubbeldiekatz» und «Schrubb, schrubb, schrubb» blubbert es munter aus ihm heraus wie die Seifenlaugenbläschen über den Rand der Klobrille.

Ich möchte, dass er zwischendurch die neue Folge seines Lieblingspodcasts hört. «Schmutzig? Dann putz ich», der populäre Podcast mit Kurt Krömer, Michelle Obama und Slavoj Žižek.

Er ist wirklich ein guter Putzmann, das muss man ihm lassen. Er putzt schnell und ungeheuer gut. Er ist der beste Kloputzer der Welt. Er ist der beste Fliesenwischer der Welt und der beste Staubsauger obendrein. «Tschüss, ihr Staubmäuse, hasta la vista! Trollt euch, ihr Loser!»

Nach 90 Minuten ist meine ganze Wohnung tipptopp. Ich möchte, dass mein Putzmann am Ende mit dem Zeigefinger prüfend über jedes einzelne Regalbrett fährt und ihn blitzsauber in die Luft hält.

Dann lässt er seinen Markus-Söder-Körper auf den nächsten Küchenstuhl fallen, zupft sich eine letzte Staubmaus vom Anzug und zerdrückt sie genüsslich zwischen Daumen und Zeigefinger.

«Danke», sage ich, obwohl ich gar nicht weiß, ob man das zu seiner Putzkraft wirklich sagt.

Mein Putzmann winkt ab. «Da nicht für!»

Er habe zu danken, sagt er. Nur er.

Ich krame in meinem Portemonnaie.

«Ach, lass stecken», sagt mein Putzmann. Als ginge es hier ums Geld. Geld habe er genug. Geld habe jeder. Jedenfalls jeder, den er kennt.

«War doch super», freut er sich und lehnt sich zufrieden gegen die Lehne meines Stuhls.

«Es war mir eine Freude», sagt mein Putzmann. Putzen sei halt so seine Passion, sein Steckenpferd. Ja, ob er jetzt zum Zeitvertreib sein Aktien-Portfolio entstaube oder Regalbretter, sei ihm eigentlich gleich, schmunzelt er.

«Darf ich wiederkommen?», fragt mein Putzmann.

Wir einigen uns auf jeden Mittwoch um zehn.

«Bis nächste Woche», ruft mein Putzmann und steigt ins Auto.

«Bis nächste Woche», rufe auch ich und winke ihm nach, bis sein wehender Merino-Schal hinter der nächsten Straßenkurve verschwindet.

Pizza für alle

Ich bin auf Minas Hochzeit eingeladen und freue mich wie nie.

Hochzeiten fand ich bislang meistens eher öde. Hochzeiten waren viele Jahre lang alle ungefähr gleich. Ich weiß, welche Spiele es gibt, ich kenne alle Hochzeitswalzer und jedes gottverdammte Schmuselied. Hochzeiten sind immer opulent und meistens auch ein bisschen «drüber». Die aufgekratzte Stimmung. Das klebrige Konfetti auf dem Parkett. Das Gegacker im Vorraum der Damentoilette nachts um halb zwei. Aber dies ist eine besondere Hochzeit. Es ist Minas dritte.

Auf zweite Hochzeiten war ich auch schon eingeladen. Zweite Hochzeiten sind immer etwas dezenter, lässiger als die ersten. Das Brautpaar weiß, das Leben ist vergänglich, und die Hochzeitsgäste wissen es inzwischen auch. Alles ist ein wenig gesetzter, zum Beispiel die Kleidung. Die Schlipse sind schmaler, die Kleider einfarbiger. Der Bräutigam ist vom Dreiteiler zum Zweiteiler übergegangen. Jacketts und Kleider in gedeckten Farben, wohin man schaut.

Wie dritte Hochzeiten sind, weiß ich noch nicht, aber ich glaube, es wird eine Feier genau nach meinem Geschmack.

Auf dritten Hochzeiten ist alles noch mal kleiner, billiger und entspannter. Die männlichen Gäste müssen mit dem Ausziehen des Jacketts nicht warten, bis der Bräutigam das Jackett ausgezogen hat. Es gibt keine Jacketts. Es gibt keine Kleiderordnung. Alle kommen in Schlabberhosen und Winterpullis. Dritte Hochzeiten haben im Winter stattzufinden, denn in den Sommermonaten sind die Hochzeitslokalitäten für erste Hochzeiten reserviert, das ist nur fair.

Bei dritten Hochzeiten ist alles erlaubt. Kommt in stinkenden Festival-Shirts, kommt in Gartenclogs, jetzt ist alles egal.

Monsterdekolletees wird man auf Minas Hochzeit vermutlich kaum finden, außer das ihrer volljährigen Tochter, die jetzt auch mal langsam auf Bräutigamsuche ist. Nackte Haut ist auf dritten Hochzeiten eher nicht angesagt, oder gerade doch, da sind sich die Wedding-Planner bislang uneins, die aber fast nie gebucht werden, denn dritte Hochzeiten plant man nicht zwölf Monate im Voraus, sondern zwölf Stunden. Nur Idioten zelebrieren ihre dritte Hochzeit, als ob es ihre erste wäre, Idioten wie Gerhard Schröder.

Und niemand raunt mehr der Braut ins Ohr, dass es dieses Mal «der Richtige» sei. Als ob es um «den Richtigen» je ginge. Als ob es «den Richtigen» je gäbe. «Der Richtige» ist ein überlebtes Konzept aus dem 20. Jahrhundert, wie Vitello tonnato oder zerschnippelte Tomaten auf vertrockneten Brotscheiben. Statt Canapés gibt es jetzt belegte Stullen, auf Tabletts herumgetragen von jungen, gelangweilten Leuten, welche die Kinder aus erster und zweiter Ehe sind.

Und niemand sagt mehr ernsthaft «Brautpaar», außer der Brautvater, der wieder mal an die große Liebe glaubt, der unverbesserliche Trottel. Wie naiv kann man sein! Der Brautvater, der inzwischen auch schon älter geworden ist. Mein Gott, ist der Erwin inzwischen alt geworden. Tapfer hält er noch einmal die Brautvaterrede. Aufmerksame Zuhörer*innen erkennen Bruch-, ja Versatzstücke aus den früheren Reden. Der Brautvater sagt, dass er keine «Tochter verloren» habe, sondern «einen Sohn hinzugewonnen», diesmal wirklich! Ein viertes Mal werde er das jedoch nicht mitmachen, wird er später seiner Frau, der Brautmutter, ins Ohr husten, während der Hochzeitssuppe, die auch nicht mehr mit Makrelen-Einlage serviert wird, sondern mit billigem Eierstich, während der sternhagelvolle Trauzeuge, selber kein Mann von gestern, am Mikro irgendwas über die Vorteile von serieller Monogamie

doziert.

Viel Pathos gibt es nicht. Pathos und Freudentränen haben auf dritten Hochzeiten nicht viel zu suchen. Es gibt keine Kleiner-Prinz-Zitate, keine Brentano-Gedichte und kein einziges wortgewaltiges Eheversprechen von eheversprechen.de.

Auch der Hochzeitsstrauß ist jetzt etwas kleiner und minderwertiger. Margeriten mit sehr viel Grün, weil das preisgünstiger kommt, aber in die Schar der Damen geworfen wird das Bouquet noch immer. Wer ihn fängt, darf als Nächstes noch mal neu heiraten, und alle Frauen wollen unbedingt fangen, auch die, die noch bei der ersten Ehe sind.

Die Gäste sind nicht mehr ganz so zahlreich wie früher, denn die bucklige Verwandtschaft ist mittlerweile verstorben, was der allgemeinen Stimmung keinen Abbruch tut. Die Hälfte der Eingeladenen ist jetzt neu, das macht es spannend. Die andere Hälfte ist seit Minas erster Hochzeit dabei, ein Stelldichein alter Freund*innen. «Du wieder!», wird man einander aufs Neue in den Armen liegen, die noch schlaffer und altersfleckiger sind als beim letzten Mal.

Nur darüber, was ich schenken soll, habe ich lange nachgedacht, und am Ende schenke ich wieder Geld. Geld kann man immer gut gebrauchen, zum Beispiel für die nächste Scheidung. Oder die Hochzeitsreise, die jetzt auch etwas kleiner und demutsvoller wird. Nicht Hawaii, nicht Sardinien oder das Marriage Resort Dubai – jetzt geht es in die Uckermark oder an die Saarschleife. Dritte Hochzeitsreisen gehen meistens an die Saarschleife, dafür gibt es in den dortigen Hotels extra kostengünstige Arrangements.

Zur ersten Hochzeit schenkt man einen Hunderter, zum Schwan gefaltet. Zur zweiten schenkt man einen Fünfziger, zum Schwan gefaltet. Ich suche einen zerknitterten Zehner heraus und falte ihn zum Schmetterling, weil dieser polyamore Falter die Flüchtigkeit des Lebens und der Liebe wie kein Zweiter symbolisiert.

Bei dritten Hochzeiten plant niemand mehr irgendetwas im Detail. Zum Beispiel nicht die Sitzordnung. Alphabetisch oder chronologisch, egal. Gibt es Tischkärtchen, dürfen diese nachlässig per Kuli geschrieben und kaum leserlich sein. Der Menüplan muss schlecht kopiert sein, dass am rechten Rand ein paar Buchstaben fehlen, wenn es überhaupt einen Menüplan gibt und nicht alle Pizza bestellen, Pizza mit allem für alle. Und statt Fanta gibt es No-Name-Orangenlimonade.

Alles, aber wirklich alles ist auf dritten Hochzeiten einfacher und bescheidener, außer der Alkohol. Der Alkohol wird von Ehe zu Ehe eher opulenter, das ist wichtig, das gehört dazu. Champagner und Gin Fizz und Moscow Mule und Whiskey Sour strömen in die 0,5-l-Pappbecher wie am Fenster der Regen an diesem nasskalten Spätnovembertag. Wobei das Wetter auch egal ist, denn niemand geht mehr zwischendurch mit irgendwelchen Kindern draußen spielen oder unter dem Vordach eine rauchen. Geraucht wird jetzt drin.

«Bitte keine Spiele» steht in Minas Hochzeitseinladung, die natürlich per E-Mail eingetrudelt ist, für selbst gebastelte Karten hat der Elan nicht gereicht. Die Betreffzeile wurde vergessen und ein falsches Datum genannt, was in einer zweiten Mail korrigiert wurde, das darf bei dritten Hochzeiten so sein.

Das mit den Spielen muss das Brautpaar nicht extra dazusagen, auf Spiele hat eh keiner mehr Bock. Welche Spiele überhaupt? Man kann auf dritten Hochzeiten nicht mehr «Reise nach Jerusalem» spielen, ohne dass sich irgendjemand den Meniskus reißt. Stattdessen wird getanzt. Auf dritten Hochzeiten wird fast durchgehend getanzt, so wild und raumgreifend wie möglich. Um Mitternacht singen, nein grölen alle miteinander «Die Liebe ist vergänglich, der Durst bleibt lebenslänglich», intoniert von Willy Millowitsch, und natürlich hat der Hochzeits-DJ das Lied dafür parat.

Eher unspektakulär und kurz wird hingegen die Hochzeitsnacht. Wie auch, gesoffen wird bis morgens um sechs. Am Ende schließen alle Gäste einander wieder in die Arme, man herzt und küsst sich, ehe man Richtung Taxi wankt.

«Man sieht sich», ruft man einander zu. Und man ahnt auch schon, wo.

Wo ich herkomme

Katharina gebar Auguste. Auguste gebar Ella. Ella gebar Marie. Marie gebar noch eine Marie. Langweilig, aber so war das damals im 18. Jahrhundert. Marie gebar Lisanne, was immerhin mal ein niederländischer Name war, auf Wunsch ihres niederländischen Ehemannes, und einen Hauch von Exotik hineinbringt. Lisanne gebar Anna, und das war es auch schon mit der schönen Migrationsgeschichte. Und da sind wir schon im Jahr 1823, um die Orientierung nicht zu verlieren. Anna gebar niemanden.

«Anna», sprach ihre Mutter Lisanne, «das geht nicht. Irgendwen musst du gebären. Sonst geht es nicht weiter. Sonst bist du auf der Welt nichts wert.» Also gebar Anna Gertraud. Und sah, dass es gut, na ja, zumindest okay war. Gertraud gebar Ella. Schon wieder eine Ella. So ist es auf der Welt: Alles kommt wieder, außer diese affigen, auftoupierten Kegelfrisuren, die man zu dieser Zeit trug. Ella gebar Mathilda. Aber Mathilda gebar nur Flausen und Kapriolen. Mathilda ist ein althochdeutscher Name und bedeutet «die Bockige, Kampfeslustige». So weit hätten ihre Eltern doch denken können.

«Ich will niemanden gebären, verflucht noch mal», rief Mathilda. «Ich will Künstlerin werden und malen, malen, malen, ferner schön entspannt in den Tag hineinleben, um Mitternacht ein paar Absinth-Absacker kippen und sonst GAR nichts. Außerdem stehe ich vielleicht auf Frauen.» «Deinen Individualismus kannst du dir an die knittrige Krempe deines gerade modischen Topfhutes stecken», riefen Ella (ihre Mutter) und Gertraud (ihre Großmutter), welche auch noch am Leben war, das zähe Stück. Die beiden Hyänen begannen, ein bisschen herumzudrohen: Ächtung, Enterbung, Bannfluch, das volle Programm. Als Kompromiss adoptierte Mathilda Liselotte, die zu diesem Zeitpunkt bereits drei Jahre alt war, um nicht den Nervstress mit dem Wickeln und Stillen zu haben. Das brachte nebenbei frisches Blut rein. Liselotte gebar Barbara. Und da sind wir schon im 20. Jahrhundert, so schnell kann's gehen. Barbara gebar Brigitte. Oh Gott, Brigitte, was für ein grauenhafter Name. «Schnauze», sagt meine Mutter Brigitte, «das waren die Fünfzigerjahre.» Brigitte gebar mich. Super. Das freut mich am meisten. Das ist die Klimax. Ich gebar Maja. Und Maja gebärt vielleicht, eines Tages, auch mal irgendwen. «Vergisses», sagt Maja. «Ich will in diese CO_2-verseuchte Kackwelt keine Kinder setzen.» «Haha, das haben deine Urgroßmutter und Urururursw.-Großmutter auch mal so sinngemäß gesagt», sage ich. «Na, dann nicht», sage ich entspannt. «Soll die Familiengeschichte doch abreißen. Mir egal. Familien gibt's genug. Ich bin weltoffen, ich bin 21. Jahrhundert.»

Sie wird sie Katharina nennen, glaube ich.

Dämonen

Es gibt Dinge, die muss man im Leben einfach mal durchziehen. Es gibt Hürden, die muss man einfach mal nehmen. Und Dämonen der Vergangenheit, denen muss man sich irgendwann stellen.

Genau jetzt.

Kinderlachen, Wasserspritzer, Chlorgestank: Ich schreite durch das örtliche Hallenbad in meinem neuen, schicken Badeanzug.

Da steht der Bademeister.

«Hallo», sage ich zum Bademeister. «Ich möchte heute gerne mein Seepferdchen machen.»

«Seepferdchen», sagt der Mund des Bademeisters.

«Und das haben Sie noch nicht?», schmunzeln seine Augen.

«Ja, Seepferdchen.» Ich nicke so entschlossen, dass das Chlorwasser aus meinen Haaren spritzt. Das sei mir wichtig. Schon lange hätte ich über diesen Schritt nachgedacht, so die letzten 35 Jahre.

«Fünfunddreißig Jahre», wiederholt der Bademeister mit seinem gemütlichen Brummbass.

«Seit meinem achten Lebensjahr», sage ich. Da hätte ich die Sache beinahe durchgezogen. Da war ich im Grunde schon so weit, physisch und mental. Da hatte ich den Anfänger-Schwimmkurs zu Ende gebracht und dann plötzlich Riesenschiss.

«Echt, Angst?», fragt der Bademeister.

«Nee, Durchfall», sage ich. «Okay, vielleicht auch gepaart mit Angst. Angst vor diesem hartherzigen Bademeister mit den blutroten Badeshorts und den haifischgrauen Augen. Der war noch alte Schule. Der war noch bei der Kriegsmarine, so wie der uns durchs Wasser gepeitscht hat», berichte ich und bekomme sofort eine Gänsehaut, oder liegt das an diesem schlecht beheizten Schwimmbad?

Später hätte ich die Prüfung natürlich wiederholt, sage ich, wären da nicht die verhängnisvollen Badeanzüge meiner Cousine gewesen, die ich immer geerbt hätte. Da waren die Schwimmabzeichen ja immer schon drauf.

«Immer schon drauf», wehklage ich, «da fehlt ja jeder Ansporn. Da gibt's ja keinerlei Anreizsystem, um es mit den Worten der CDU auszudrücken.»

«Soso», sagt der Bademeister.

«Ja, und als ich mich dann irgendwann doch zur Prüfung durchringen wollte», fahre ich fort, «kam irgendwie immer was dazwischen. Schulwechsel, Zahnspangen-Termine, Abi-Stress, Schwangerschaften, Lebenskrise.»

«Verstehe», antwortet der Bademeister.

«Jaaa, kein Seepferdchen und den ersten guten Sex mit dreiundzwanzig», resümiere ich, ich bräuchte eben manchmal für die wesentlichen Dinge des Lebens etwas länger.

«Hm, hm», sagt der Bademeister.

Es ist ein freundlicher Bademeister, das kann ich sagen. «Der Nette», nennen ihn meine Kinder. Er ist der einzige Bademeister, den ich kenne, der seinen Job nicht offenkundig hasst.

Na, und jetzt sei ich eben hier, sage ich. Jetzt sei ich bereit.

«Ich kann das», sage ich. «Ich habe trainiert. Bahnenschwimmen. Auf meinem Wohnzimmerteppich. Ich kenne die Baderegeln. Die ganze Theorie. Ich weiß alles über Seepferdchen. Wussten Sie, dass bei den Seepferdchen die Männer die Babys austragen?»

«Mal langsam», brummt der Bademeister. Ob ich nicht zuerst einmal diese alberne Schnorchelbrille abnehmen wolle?

Ich schüttle den Kopf. «Dann erkennt mich ja jeder.»

Der Bademeister blickt mich schweigend an. Lange. Dann öffnet er den Mund. «Können Sie Brustschwimmen?»

«Klaro», sage ich.

«Können Sie vom Beckenrand springen?»

«Yes, Sir!», rufe ich und lege die gestreckten Finger der rechten Hand beherzt an meine Schläfe.

«Können Sie tauchen?»

«Nur mit Nase zuhalten», sage ich.

«Das ist schlecht», sagt der Bademeister. Das sei gegen die Regeln.

«Echte Seepferdchen können auch nicht kopfüber tauchen», werfe ich mein Wikipedia-Wissen in die Waagschale.

Der Bademeister sagt nichts.

«Die Finja hat sich neulich bei der Bronze-Prüfung auch die Nase zugehalten», sage ich.

Der Bademeister sagt immer noch nichts.

«Okay. Ich probiere es», sage ich und pule mir dabei mit dem Zeigefinger Wasser aus dem Ohr. Man müsse ja auch mal etwas wagen. Man müsse auch mal über sich hinauswachsen.

«Wie tief denn?», frage ich.

«Zwei Meter», sagt der Bademeister.

«In den Prüfungsanforderungen steht aber nur schultertief», maule ich.

«Nicht für Erwachsene», erklärt der Bademeister. Da müsse man schon eine Schippe drauflegen. Da müsse man auch liefern.

«Da muss es dann aber auch Seepferd heißen», sage ich.

Wir stehen einander gegenüber, die Arme verschränkt. Auge um Auge.

«Ja, wenn Sie dann doch nicht wollen», sagt der Bademeister und wendet sich zum Gehen.

Ich sage, dass ich sehr wohl wolle. Ich sage, dass Wollen hier gar nicht der richtige Ausdruck sei. Eher Müssen. Es ginge hier gewissermaßen um eine innere Dringlichkeit.

Ja, ich könne auch durchfallen, sage ich. An der Klippe der Herausforderung zerschellen, ertrinken, Wasser in die Augen kriegen oder einen Ball an den Kopf. Und dennoch – hier stünde ich. Mit dreiundvierzig. Ab vierzig solle man im Leben nämlich noch mal etwas Neues wagen, sage ich. Stand neulich im «ZEITmagazin».

Ich straffe den Rücken, recke das immer noch tropfende Kinn.

«Wer immer tut, was er schon kann, bleibt immer das, was er schon ist», zitiere ich Henry Ford, Bill Gates oder wen auch immer.

Der Bademeister sieht mich an. Und nickt. Er nickt tatsächlich.

«Nur wer sich ändert, bleibt sich treu», ergänzt der Bademeister.

«Wer im Leben stehen bleibt, bleibt stehen», führe ich die Argumentationskette fort.

«Es gibt nichts Vollbrachtes, außer man macht es!», ruft der Bademeister und ballt eine Hand zur Faust.

«Ich glaube, wir verstehen uns», sage ich.

Natürlich verstünden wir uns, sagt der Bademeister. Jeder Mensch habe so seine Baustellen. Jeder habe seine Dämonen. Seiner sei schnurrbärtig, sackstur und die Mutter seiner Kinder, murmelt er. Seine sonst so geordneten Gesichtszüge sind jetzt ein bisschen verrutscht.

«Übrigens, warum probieren Sie nicht gleich Silber?», fragt der Bademeister.

Ich erschrecke.

«Äh», sage ich. «Nee», sage ich, so viel Herausforderung auf einmal sei mir dann doch zu viel. Dafür hätte ich noch nicht trainiert.

Man müsse doch nicht immer gleich nach den Sternen greifen, sage ich. Man solle lieber nur an den nächsten Schritt denken. Und dann wieder den nächsten, erinnere ich mich an die Quintessenz aus Michael Endes «Momo». Momo, die vermutlich auch supergut schwimmen konnte. Die vermutlich im DLRG war.

«Man muss im Leben auch nicht überall mithalten», sage ich. «Man muss ja auch nicht jeden neumodischen Schwachsinn mitmachen wie Klippenspringen oder Rückenkraulen.»

«Oookay. Also Seepferdchen», sagt der Bademeister. Aber jetzt habe er keine Zeit. Gleich müsse er den Schwimmkurs für die Lütten leiten und vorher noch den Dreier aufmachen. Er schaut auf seine Uhr. «Heute wird das leider nichts mehr. Kommen Sie morgen wieder.»

«Morgen?»

Ich erbleiche. Ich sei jetzt hier, sage ich. Ich hätte mich heute durchgerungen. Morgen sei nicht heute. Morgen sei irgendwann. Morgen sei vielleicht alles wieder anders. Morgen hätte ich keine Zeit. Morgen würde ich meine ersten Haschplätzchen backen, das hätte ich bislang auch irgendwie verpennt.

Der Bademeister guckt mich schweigend an, mit diesem einen Pokerface. Kann er nicht eindeutiger gucken?

Natürlich, sage ich, solle man sich im Leben gar nicht so sehr über Äußerlichkeiten identifizieren. Ich jedenfalls täte das ansonsten nicht. Fahrrad-Führerschein hier, Bundesverdienstkreuz da, solche Lorbeeren seien mir normalerweise nicht wichtig, all das bedeute mir nichts. Nichts. Gar nichts, außer dieses eine, vermaledeite Seepferdchen, sage ich und reiße beide Arme in die Luft. Diese Prüfung sei das eine fehlende Steinchen in meinem Lebensmosaik, das ultimative i-Tüpfelchen meiner Biografie. Und da rinnt bereits eine Träne der Ergriffenheit durch meine Schnorchelbrille, oder ist das Chlorwasser?

Der Bademeister schweigt weiterhin. Seine stoische Gemütsruhe macht mich so langsam nervös.

Okay, sage ich. Ja, er habe mich durchschaut. Ich sei doch eine Perfektionistin. Ich sei doch eine dieser mittelalten Frauen in der Krise. Ja, ich sei eine Latte-macchiato-Mutter, vom Ehrgeiz komplett zerfressen. Ja, ich möchte alles perfekt machen. Immer. Alles! Allerdings nur bei mir selbst. Bei meinen Kindern, sage ich, sei mir Erfolg ziemlich egal. Die könnten nicht mal Noten lesen. «Das eine Kind ist neulich durch die Füllerführerscheinprüfung gefallen», schmunzele ich, «egal! Aber nett sind sie», schiebe ich hinterher und schaue mich um, durch die Schwimmhalle, in Richtung Plastikliegen. Da sitzen sie: zwei meiner Kinder, futtern arglos Knabberkram und winken mir aufmunternd zu.

«Bitte, bitte, bitte», starte ich mein Schlussplädoyer, senke beide Arme sowie das tropfnasse Haupt.

Diese Prüfung würde mein Selbstwertgefühl ungemein aufmöbeln, mein Leben verlängern und meiner Ehe eine zweite Blüte bescheren, damit mein Mann mich nicht irgendwann verlasse für eine jüngere Frau mit Riesenmöpsen und Bronze-Abzeichen auf dem Tankini-Oberteil. «Ich brauche dieses Abzeichen!»

Ich luge durch meinen tröpfelnden Pony.

Der Bademeister wackelt mit dem Kopf und murmelt, ja klar, sportlicher Erfolg sei natürlich immer etwas Schönes.

Sportlicher Erfolg?, denke ich. Sportlicher Erfolg ist mir

komplett egal. Das Einzige, was ich will, ist diesen herrlichen, apfelsinenfarbenen Aufnäher frontal auf meinem Badeanzug.

Der Bademeister seufzt und sagt, ihm komme gerade eine Idee. Er klopft gegen die Glasscheibe des Bademeister-Kabuffs.

«Irina, kommst du mal?»

Ich starre durch die Glasscheibe. Worst Case. Das ist der Untergang. Irina ist die andere Bademeisterin. «Die Böse», wie meine Kinder sagen. Unaufhaltsam bewegen sich Irinas lange, leichenweiße Beine auf mich zu. Unter ihrem Polohemd ist auf dem linken Arm etwas tätowiert, ob ein arg verrutschtes Seepferdchen oder ein Unterwasser-Sturmgewehr, kann ich nicht erkennen.

«Ja?», fragt Irina mit blecherner Stimme. «Sie wollen also ein Schwimmabzeichen machen?»

Ihre gefühllosen, haifischgrauen Augen fixieren mich. Und da habe ich auf einmal, ganz plötzlich, ein unangenehmes Déjà-vu.

Meine Kinder lümmeln noch immer auf den Liegen und winken mir zu, aber ihre Handbewegungen sind nun schon etwas träger.

«Doch nicht», sage ich. «Ah, der Dreier wird gerade geöffnet!», rufe ich und sprinte los über die rutschigen Schwimmbadfliesen, erklimme die Leiter des schwindelerregend hohen Turms, nehme Anlauf und mache eine phänomenale Arschbombe, meine erste in diesem Jahrtausend. Aus allen Ecken brandet Applaus auf. Drei Menschen klatschen wie von Sinnen. Der Bademeister und meine Kinder.

Kurz vor Mitternacht: Im konspirativen Licht meiner Schreibtischlampe sitze ich vor dem Computerbildschirm und klicke auf «Seepferdchen-Aufnäher». Im Dreierpack. Einen für meinen Badeanzug, einen für den Reiserucksack und einen fürs

Schutzblech meines Fahrrads – der ideale Hingucker über dem Sylt-Aufkleber. So läuft das doch im Kapitalismus. So machen

andere Menschen das doch auch, andere wie Anna Sorokin, Jan Marsalek oder Franziska Giffey.

Bronze mache ich aber irgendwann wirklich. Ab 2030 ist ja auch noch ein Jahrzehnt. Da hat man noch ein paar Träume. Man muss ja auch noch Ziele für die zweite Lebenshälfte haben. Dann klicke ich auf «Bezahlen» und stöbere noch ein Weilchen nach Haschplätzchen-Rezepten auf www.oetker.de.

Schlechter Flirt

Halb eins in der Nacht: Pfeifend stiefele ich durch eine schmale, eher schlecht ausgeleuchtete Seitenstraße von St. Pauli. Nur hier und dort ein paar Passant*innen, die Richtung Reeperbahn schlappen. Ich liebe Seitenstraßen. Die Menschenleere fernab des Trubels. Die Dunkelheit. Die herrliche Ruhe.

«Ksssst. Hey, du da», höre ich auf einmal hinter mir eine Männerstimme. Eine recht junge Männerstimme, wie mir scheint, vom Leben, Alkohol und Fußballfangesängen noch nicht so stark gezeichnet.

«Hey. Bleib doch mal stehen!» Eine zweite, etwas tiefere Männerstimme gesellt sich kichernd hinzu.

Ich könnte stehen bleiben. Ich könnte mich umdrehen. Mache ich aber nicht. Ich bin doch nicht bekloppt. Hört mal, ich kenne das Spiel seit über dreißig Jahren. Erst bleibt man stehen, dann muss man ein gemeinsames Bierchen in der nächstgelegenen Kellerbar kippen und sich endlos öde Details über das letzte Werder-Bremen-Spiel anhören oder die angefangene Doktorarbeit zum Thema Maschinenbau zwischen gestern und morgen. Nicht mit mir.

«Warum bleibst du denn nicht mal stehen?», raunt es noch immer hinter mir.

Ich gehe weiter.

«Coole Stiefel», läutet da die erstere Stimme eine unerwartete Themenwendung ein. Unwillkürlich muss ich nicken. Es sind wirklich coole schwarze Stiefel, die ich zu meinem Lieblingsrock und nur zu besonderen Anlässen trage. Ich komme von einer Geburtstagsfeier und bewege mich heim,

Richtung S-Bahn-Station. Kniehohe Stiefel, so cool! Früher, in den Neunzigerjahren, haben wir Fick-mich-Stiefel dazu gesagt. Aber früher haben wir auch gedacht, wer kniehohe Stiefel trägt und von Männern dumm angemacht wird, ist irgendwie selber schuld.

«Hast du noch was vor? Wenn nicht, dann komm doch mit uns», hallt es hinter mir.

Ich bleibe nicht stehen.

«Wir gehen nämlich gerade ins Molotow.»

Ich bleibe doch stehen.

«Ach krass», sage ich und drehe mich um. «Im Molotow war ich schon seit zwanzig Jahren nicht mehr!»

Da stehen wir. Zu dritt. Im jähen, grellweißen Schein der einzigen Straßenlaterne, und schauen einander an.

«Oh», sagt der eine, der Schwarzhaarige, der mit der höheren Stimme, und guckt ein bisschen erschrocken. Sein Kopf rutscht jetzt etwas tiefer in den Kragen seiner Trainingsjacke.

«Äh», ergänzt der Blondgelockte neben ihm. Aufmerksam betrachtet er mittlerweile die Spitzen seiner weißen Sneakers, die Hände in den Hosentaschen der Baggy Jeans vergraben.

«Du bist ja, äh», sagt der Schwarzhaarige. Ich spüre, er sucht nach Worten und starrt auf den Asphalt, auf die handbreite Fläche zwischen seinen Turnschuhen, als ob sich dort unten ein paar hilfreiche Stichworte befänden.

«Ja, äh ... schon richtig erwachsen. Also .... schon etwas älter.»

«Ja, unter achtzehn kommt man ins Molotow auch gar nicht rein», sage ich.

Auch ich habe mich verschätzt. Ich dachte, die Burschen seien wenigstens dreißig. Ob die beiden überhaupt schon einen Schulabschluss haben oder das Wahlrecht? Ob sie bereits eine eigene Hausratversicherung besitzen?

Ich blicke von einem zum anderen.

«Mann, Mann, Mann. Das Molotow», sage ich. «Dass es diesen alten Zappelschuppen noch gibt», sinniere ich und kann mich eines zünftigen Flashbacks nicht erwehren: verschwitzte Leiber, verrauchte Damenklos, am Personal vorbeigeschmuggelte Schnapsflaschen und Britpop, Britpop, Britpop.

«Gibt es da noch diesen schnurrbärtigen Türsteher namens Gulli?», frage ich. «Gibt es da noch zur Begrüßung einen Jägermeister aufs Haus? Kostet der Eintritt noch acht Mark? Ach, wisst ihr was? Ihr habt mich», sage ich. «Starke Idee. Ich bin dabei», sage ich und hebe eine Hand zum High Five, oder wie die jungen Leute heute sagen.

«Äh», sagt der Schwarzhaarige.

«Öhm, also», sagt der Blonde, der noch immer seine Sneakers fixiert.

«Na, dann mal los», sage ich.

«Vielleicht doch nicht», murmelt der Schwarzhaarige. Vielleicht sei das mit dem Molotow doch keine gute Idee. Vielleicht müssten sie doch bald zurück nach Rahlstedt, im Wohnheim noch was lernen. Für die Bachelor-Prüfung. Maschinenbau. Maschinenbau, sagt der Schwarzhaarige, sei ja gar nicht so leicht.

«Ja, genau», sagt der Blonde.

«Wie jetzt», sage ich. «Was jetzt?», frage ich und stemme die Hände in die Hüften. «Gesagt ist gesagt.»

Dass diese Post-Millennials immer so inkonsequent sein müssen, geht mir durch den Kopf. Diese Generation Unentschlossen, diese Generation Dochnicht, diese Generation Ummitternachtimbett. Zwei wankelmütige Knaben stehen vor mir wie der aktuellen Shell-Jugendstudie entsprungen.

«Moment mal, gibt es hier ein Problem?», fragt plötzlich eine rothaarige Frau mit schneidiger Stimme. Sie trägt einen bodenlangen Mantel und am Arm untergehenkelt einen bärtigen Mann. Ein Paar um die fünfzig, das vielleicht vom Krimi-Theater kommt oder diesem einen guten Fischrestaurant ums Eck. Die Frau sieht an den Jungs vorbei und mir sorgenvoll ins Gesicht.

«Machen Ihnen die jungen Herren Ärger?»

«Ja», sage ich. «Denn erst haben sie gefragt, ob ich mit ins Molotow will, und jetzt machen sie einen Rückzieher.»

«Das Molotow!», quietscht die Frau. Ach, ach, da sei sie in den frühen Neunzigern auch so manches Mal gewesen. Pogende Massen, rauchen auf der Tanzfläche, kiffen auf dem Klo und Grunge, Grunge, Grunge!

Die Frau hebt einen Zeigefinger, fixiert die Maschinenbau-Studenten und sagt, na, na, das sei hier aber kein Gentlemenverhalten. Gesagt sei gesagt. Ja, typisch Generation Z!

«Z wie Zaudern», verdreht sie die Augen. Jeden Monat zu «Fridays for Future» rennen und hinterrücks FDP wählen, na, so werde das mit dem 1,5-Grad-Ziel nie was!

«Na dann, tschüssi und schönen Abend noch allerseits», sagt sie in die Runde und nickt mir aufmunternd zu, zupft ihren Begleiter am Arm und geht weiter.

Zu dritt stehen wir immer noch auf dem Gehweg. Stille macht sich breit. Unangenehme Stille. Jungs, da müsst ihr jetzt durch.

Der Schwarzhaarige murmelt noch irgendwas von «Sorry» und einem bedauerlichen Missverständnis.

«Aber die Stiefel sind wirklich cool», schiebt er hinterher.

«Ja, genau», sagt der Blonde. Sein Blick schwenkt jetzt von seinem Schuhpaar zu meinem. Alle drei begucken wir meine kniehohen Stiefel wie zwei nachtschwarze Katzen.

«Das stimmt», sage ich. Früher hätten meine Freundinnen und ich übrigens Fick-mich-Stiefel dazu gesagt. Aber heute, in emanzipatorischen Zeiten wie diesen, im fortgeschrittenen 21. Jahrhundert, im Zuge von MeToo und weiblicher Selbstermächtigung, sage ich, müsste es eigentlich eher Fick-dich-Stiefel heißen. Das fände ich mittlerweile passender.

Ich denke noch mal nach. «Oder Ich-fick-dich-Stiefel», sage ich. «Oder Ich-ficke-euch-alle-Stiefel. Oder wenigstens», überlege ich laut, «Frag-mich-ob-ich-auch-ficken-will-Stiefel.»

Ja, das fände ich eigentlich am besten. Da wäre nichts zu beanstanden. Das wäre vollkommen korrekt.

«Oder Lass-uns-einvernehmlich-ficken-Stiefel», schlägt der Schwarzhaarige vor. Das wäre auch eine Lösung.

«Ja, einvernehmlich», sagt der Blonde, «einvernehmlich ist immer gut!» Beide nicken vehement.

«Oder halt Overknees. Oder Boots», sage ich, als wir vorm Kiosk an der Ecke noch ein einvernehmliches Stehbier miteinander trinken.

«Echt jetzt? In Clubs durfte man früher rauchen? Und den ganzen Schweiß hat man dann nicht so doll gerochen?», erkundigt sich der Schwarzhaarige. «Und du warst wirklich schon geboren, als Kurt Cobain noch am Leben war?»

«Es gab mal Cents namens Pfennige?», staunt der Blonde.

«Aber hallo», sage ich und erzähle drauflos, setze an zu einem Großmonolog über Raucher-Floors, Schaumpartys sowie Grunge bis zum Abwinken und fühle mich so unverzichtbar, so gefragt wie eine dieser geheimnisvoll ausgeleuchteten Zeitzeuginnen in den Arte-Dokus, ehe sich unsere Wege wieder trennen.

Das nächste große Fest

Meine Nachbarin Olga hat die Menopause erreicht, erzählt sie mir bei den Papiercontainern.

«Glückwunsch. Das ist doch super», sage ich. «Ist das nicht super?»

Wir stehen an der Straßenecke und zertreten riesige DHL-Pakete (Olga) und schlanke Pizzakartons (ich).

Ach ja, sagt Olga, zerstampft die Versandschachtel eines Möbelhauses und bugsiert sie durch die Öffnung des Containers. Die Einschlafprobleme seien jetzt weg und die ein oder andere Hitzewallung. Dafür schnarche sie jetzt. Aber immerhin so laut, dass sie Juri, also ihren Mann, nicht mehr schnarchen höre. Unterm Strich sei es also schon gut.

«Also, ich würde mich sehr freuen. Das muss doch wahnsinnig befreiend sein», sage ich, während ich einen weiteren Stapel grün-weiß-roter Pappkartons klein mache.

«Nie mehr bluten», sage ich. «Nie mehr das Badezimmer vollsauen», brainstorme ich. «Nie mehr Tampons kaufen», komplementiere ich, «wie gut ist das denn.»

Himmel, ist das immer nervig: fünf vor Ladenschluss noch zur Drogerie laufen, und vorm Regal hat man die Qual der Wahl. So viele Tamponmarken, so viele Größen: Mini, Vielzuklein, Sifftsofortdurch, Normal, Dumbo, Jumbo-Jet und Kölnerdom, und die letzten beiden Größen sind natürlich immer gerade ausverkauft.

«Und keine Menstruationsbeschwerden mehr», sage ich. «Rückenschmerzen, Bauchkrämpfe ade! Und viel mehr Geld im Portemonnaie.»

Olga guckt fragend.

«Weil man nie mehr Geld für Menstruationsartikel und Verhütungsmittel ausgeben muss», sage ich. «Na, so tausend Euro pro Jahr werden das schon sein», überschlage ich.

Olga murmelt, für Verhütungsmittel habe sie pro Jahr bislang eher so 4,50 Euro ausgegeben.

«Und der Sex», sinniere ich. «Endlich Sex ohne Befruchtungsangst, ohne Ziel und Verstand. Bumsen als interesseloses Wohlgefallen, quasi im Sinne Immanuel Kants», krame ich ein paar Wissenspartikel aus meinem Philosophie-Studium hervor. «Anders gesagt: nie mehr Babys, definitiv», sage ich, also noch definitiver als vorher. Sofern man nicht auf Adoption oder eine Leihmutter aus dem Ausland setzt oder seine Eizellen in der Tiefkühltruhe eingefroren hat.

«Oder hast du?», frage ich.

Olga schüttelt den Kopf.

«Das ist dann alles entschieden», sage ich. «Das ist dann alles in trockenen Tüchern. Das ist der Point of no Return. Mensch, Olga, das muss man doch feiern», sage ich. «Also, ich würde das feiern.»

Olga sagt, jetzt würde ich es mit der Vorfreude doch mal übertreiben. Sich fruchtbar fühlen sei doch immer auch ein bisschen ... schön gewesen. Irgendwie Teil ihrer weiblichen Identität. Das werde sie vielleicht noch mal vermissen, sagt Olga, aber ich höre gar nicht mehr richtig zu. Die Party hat in meinem Kopf bereits begonnen.

Ja, ich werde meine Menopause feiern. Ja, ich gebe eine Party. Und alle lade ich ein.

Alle meine alten Klassenkameradinnen, die mit mir damals zur Schule gingen, mit riesigen Brustbeuteln um den Hals, vollgestopft mit Binden, groß wie Inkontinenz-Windeln. Meine ehemalige Sportlehrerin lade ich auch ein, die jeden

Brief meiner Mutter («Ella hat schon wieder ihre Tage und möchte nicht mitschwimmen») mit einem entspannten Lä-

cheln durchgewunken hat. Und, ja, auch den Sportlehrer, der nicht so entspannt war, der die Entschuldigungen meiner Mutter nicht durchgewunken hat. «Jetzt hör mal zu, Frollein, das ist doch keine Krankheit! Nur weil du zu faul zum Rückenkraulen bist. Kneif die Beine zusammen und ab dafür!»

Und meine Bio-Lehrerin, die uns in der fünften Klasse erklärt hat, was Menstruation überhaupt bedeutet. «Ihr könnt dann Kinder bekommen! Ist das nicht wunderbar?», die Stimme der weltentrückten Reformpädagogin. Wir kauten auf unseren gläsernen Schnullerketten und nickten.

Und Daniel B., der in der Siebten immer meine Tampons geklaut und sie über seine Segelohren gehängt hat, zur Gaudi aller Jungs. Weil jetzt die Zeit für Versöhnung ist. Für Verständigung.

Und alle Fabrikarbeiter*innen lade ich ein, die die Wattedinger sorgsam aufgewickelt und die Rückholfäden drangeknotet haben. Und alle Müllarbeiter*innen, die den ganzen Scheiß am Ende entsorgt haben, werden auch eingeladen. Und alle meine sieben männlichen Frauenärzte von 1992 bis heute. Auch wenn die vermutlich den ganzen Abend am Rand der Tanzfläche herumstehen, über ausgebeulte Beckenböden fachsimpeln, die Biervorräte aus der Badewanne leer saufen und sich beim DJ beschweren, dass kein einziges Lied von Herbert Grönemeyer kommt. Und sogar ein paar Typen aus der Pharmaindustrie lade ich ein, die Frauen ab vierzig immer noch gern diese viel zu hoch dosierten Hormonpräparate aufschwatzen. Weil es auf jeder Party auch ein paar Andersdenkende geben muss. Weil die Stimmung immer ein bisschen polarisiert sein muss wie bei «Maybrit Illner».

Und meine Mutter lade ich ein. Na logo. Weil sie sonst

beleidigt ist. Weil sie mich damals, als ich ihr meinen ersten blutbefleckten Schlüpfer hinhielt, in die Arme nahm mit den feierlichen Worten, ich sei jetzt eine Frau. «Eine wunderbare Frau. Eine fantastische Frau. Eine Vollblutfrau», ganz genau wie sie oder Lady Di oder Tina Turner. «Nun ja. Eine kleine Frau», sagte meine Mutter und besah mich noch einmal von oben bis unten. Eine noch nicht ganz fertige Frau mit abgekauten Fingernägeln und Zahnspange, aber in Grundzügen bereits zu erkennen. Meine Mutter gab mir einen Kuss auf die Stirn, ein Glas Sekt ohne überflüssigen O-Saft und den Rat mit auf den Weg, auf meine Periode supersuperstolz zu sein und in Gegenwart anderer Menschen nicht darüber zu reden.

Meine fünf Tanten lade ich auch ein. Auch wenn sie unter ihren Bierhelmen vermutlich niemand erkennt. «Willkommen im Klub», werden sie mir auf die Schulter hämmern mit ihren hageren Fingerknöcheln.

Die Präsidentin der Deutschen Menopause-Gesellschaft mit Sitz in Marburg lade ich ein und alle ehrenamtlichen Mitarbeiterinnen. Und Frank-Walter Steinmeier.

«Wieso denn den?», will Olga wissen, die auch noch da ist, die gerade mit einem Riesenberg Zeitungen vor mir steht, auch wenn ich sie in meinem Partyrausch beinahe vergessen habe.

«Weil Frank-Walter Steinmeier zu allen wichtigen Anlässen eingeladen wird», sage ich. «Oh, da komm ich aber gern», wird er sagen. «Tachchen, da bin ich!», wird er sagen und «Glückwunsch äh zu ähm», ehe er eine kurze, aber würdevolle Tischrede hält über Eigenverantwortung, Solidarität und irgendwas mit Zukunft.

Und noch mehr Männer lade ich ein. Weil jede Party immer auch ein bisschen divers sein muss. Aber nicht Arthur Schopenhauer. «Ein altes, nicht mehr menstruierendes Weib erregt Abscheu», schrieb dieser Schwachkopf und irgendwas von «monatlicher Blödigkeit», berichte ich Olga und zerteile,

nein zerreiße, nein zerfetze dabei einen Eierkarton in hunderttausend Stücke. «Hallo, solche Typen kommen mir nicht auf die Party», knurre ich. «Von solchen Typen lassen wir uns nicht die Bombenstimmung verderben», und Bombenstimmung wird es geben.

In der chinesischen Provinz Fujian, sage ich, sei die Menopause schon seit Jahrhunderten positiv besetzt, das hätte ich mal irgendwo gelesen. Und auf einer abgelegenen Inselgruppe Papua-Neuguineas, berichte ich, führe das ganze Dorf zu Ehren der Menopause jedes Mal einen Kreistanz auf.

Ich wolle auch einen Kreistanz, sage ich. Ich wolle auch eine Polonaise. Ja, eine Polonaise muss es geben, sage ich zu Olga. Ohne Polonaise sei alles für die Katz, wenn wir zu allen großen Hits der Weltgeschichte durch mein Wohnzimmer tanzen, mit unseren gebärunfreudigen Becken. Ja, richtig gebärgarstig seien die dann. Aber nur fröhliche, lebensbejahende Hits, füge ich hinzu, das sei wichtig. «Nobody Hurts», «When The Party Is Not Over» oder «I Like Mondays», die wir alle lautstark mitsingen, und am lautesten singen die Polizist*innen, die auch alle eingeladen sind, weil die eh kommen würden bei der Lautstärke.

Ich möchte Bierflaschen in der Badewanne. Ich möchte eine Schokokusswurfmaschine und eine Hüpfburg in der Küche. Und im Keller ein Matratzenlager für all die sternhagelvollen Frauenärzte, Pharma-Typen und Tanten. Ich möchte Crushed Ice. Ich möchte Tsatsiki, Tischfeuerwerk, eine Nebelmaschine, eine Fotobox, einen Tischkicker, eine Knutschecke und in jeder Ecke Schwarzlicht. Und Rotlicht. Und Eierkartons an sämtlichen Zimmerdecken. Und eine Videoübertragung von der Tanzfläche bis zum Klo, damit niemand in keinem Augenblick irgendwas verpasst. Ich möchte Partyschirmchen. Ich möchte eine Hot-Dog-Station, Wackelpudding und Cocktailwürstchen, klein wie Mini-Tampons. Und Oreo-Donuts. Jetzt kann mich nichts mehr stoppen.

«Oreo-Donuts?», fragt Olga.

«Klar Oreo-Donuts», rufe ich. «Weil Donuts sinnbildlich für die Fruchtbarkeit und den Zyklus des Lebens stehen», erläutere ich. «Blödsinn», sage ich. «Weil Oreo-Donuts einfach lecker sind. Superlecker.»

Weil nicht immer alles mit Bedeutung aufgeladen sein müsse. Weshalb es auch kein Wattepusten mit aufgeribbelten Tampons geben werde, keine Binden-Torte, keine «Bloody Marys», keine verlorene Eizellen in Senfsoße und kein einziges feuchtfröhliches Saufspiel mit Menstruationstassen. Weil ich auf Anspielungen und Symbolik an diesem Abend keinen Bock hätte. Weil jetzt einfach mal gefeiert werden müsse bis zur Bedeutungslosigkeit.

«Na, wart mal ab», sagt Olga. Unter ihren Stiefeletten windet sich ein zertrampelter Hermes-Karton. Für die detaillierte Partyplanung hätte ich ja noch ein paar Jahre Zeit. «Wie alt bist du noch mal? Dreiundvierzig?»

Ich nicke. «Aber mehr schwitzen als früher tue ich schon jetzt», prahle ich. Manchmal weiß man es auch nicht, denke ich. Liegt das jetzt wirklich an den einsetzenden Wechseljahren, der globalen Erderwärmung oder meinen billigen Polyacryl-Pullis? Und ist das nicht am Ende alles eins?

Olga verstaut ihren letzten Karton, schaut auf ihre Uhr.

«Du, ich glaub, ich muss mal los. Einkaufen», sagt sie.

«Luftschlangen? Donuts?», frage ich.

«Nee, Blumenkohl.»

Drei Stunden später, der Mond steht bereits weiß und voll am Himmel, klopft Olga dann doch an meiner Wohnungstür.

Unterm Arm ein kastenförmiger Fertigkuchen, zwei Bierflaschen und eine halbe Schachtel Zigaretten.

«Mentholzigaretten», freue ich mich, «die gibt es doch gar nicht mehr zu kaufen.»

«Für besondere Anlässe aufgespart», sagt Olga.

Wir rauchen sie auf der Parkbank hinter dem Papiercontainer. Ist auch ein bisschen feierlich.

«Oh, hallo», sagt der nette Matthias im Vorbeigehen. Matthias ist auch ein Nachbar. «Na, was gibt es denn hier zu feiern? Geburtstag?»

«Nee, Bergfest», sage ich.

Mehr Drama

«Ist das langweilig. Mein Gott, ist das langweilig!», stöhnt meine Mutter und bäumt sich neben mir in der Kirchenbank auf. «Ja, geht das da vorne nicht ein bisschen lebendiger? Ja, können die nicht mal mehr Gas geben? Himmel, ich schlafe gleich ein.»

Da sitzen wir, im Mittelgang des Kirchenschiffs, fünfte Reihe links. Heiligabend. Familiengottesdienst mit Krippenspiel.

«Familiengottesdienst, Familiengottesdienst», grummelt meine Mutter. «Warum muss es denn überhaupt dieser Familiengottesdienst sein?»

Ruhelos zupft sie am Kragen ihres königsblauen Wintermantels.

Ein feuchtfröhlicher Mitternachtsgottesdienst oder eine fetzige Ü-40-Andacht täten es doch auch.

«Diese lasche, wie sagt ihr jungen Leute noch mal, All-Age-Veranstaltung ist doch die ödeste von allen.»

«Pssst», mache ich und recke den Hals, um zwischen den schuppigen Hinterköpfen der Vordermänner meine Tochter zu erspähen. Meine Tochter ist ein Engel. Nicht unbedingt charakterlich, nur hier und heute, im Chor, mit weißem Bettlaken und Goldpapierflügeln.

«Du wolltest doch deine Enkelin im Krippenspiel sehen», sage ich, nicht zu laut, um die Banknachbarn nicht zu stören.

«Ja, sehen kann ich sie. Aber nicht hören», jammert meine Mutter.

«Was haben sie da gerade gesungen? Köpfen oder Kommen? Ochs oder Axt? Können die Engel nicht lauter singen, die Zähne auseinanderkriegen?»

Verstohlen schaue ich mich um. Die Einzige, die in dieser Kirche wirklich jede Silbe laut und deutlich akzentuiert, ist meine Mutter.

«Also ich find's super», flüstere ich.

Ich finde es überhaupt nicht super. Auch ich finde das Krippenspiel schnarchlangweilig, und verstehen tut man gar nichts. Aber eine*r der Dilettant*innen da vorn ist mein Kind, also springe ich in die Bresche.

«Sie sind schüchtern», sage ich. «Sie haben keine Mikrofone», verteidige ich.

«Nichts da. Faule Ausrede», entgegnet meine Mutter. Das hier sei das Stück aller Stücke, da könne, ja müsse man richtig ranklotzen. Kein Wunder, dass der Kirche das Publikum weglaufe. Hier und jetzt, wo endlich mal die Hütte voll sei, müsse man auftrumpfen und zeigen, was die Kirche auf dem Kasten hat. Mehr Drama, Baby! Sie wolle an Heiligabend Entertainment. Sie wolle Zerstreuung. Sie wolle Budenzauber, Freudentränen, Posaunen, Violinen und bitte, bitte, bitte korrekt gestimmte Blockflöten. Sie wolle schmissige Dialoge nonstop, Ergriffenheit und Spannung bis zur letzten Sekunde und am Ausgang noch einen Fichtenschnaps, aber nur einen kleinen.

«Es geht doch gar nicht wirklich um den Inhalt des Krippenspiels», sage ich. «Wir kennen doch alle den Inhalt des Krippenspiels.»

Der Text sei komplett egal, sage ich, wie übrigens bei sämtlichen Popsongs und allen Weihnachtsansprachen von Frank-Walter Steinmeier.

«Es geht um die Emotion», erkläre ich. «Die feierliche Stimmung, das Einfühlen in die Notlage von Maria und Josef. Um das erhebende Gefühl, jetzt ist das Christkind da.»

«Welches Christkind überhaupt?», spöttelt meine Mutter. Ihr perlmuttweiß lackierter Zeigefingernagel weist wie eine tödliche Speerspitze nach vorn. «Diese blutleere Plastikpuppe
da? Zu meiner Zeit gab's beim Krippenspiel noch richtige Babys», informiert sie mich und sämtliche Sitznachbarn gleich mit: «Richtige fleischige, schreiende Babys. Das war eine Freude für alle, also außer vielleicht für die Babys. 100 Prozent Authentizität! Aber die verzärtelten Säuglinge von heute müssen ja alle schon um sechse mit der PEKiP-Spieluhr ins Bett.»

Ein Glück: Ein Evergreen der guten Laune («O du fröhliche») bringt die Stimmung meiner Mutter wieder ins Lot. Aber nicht lange.

«Und erst die Hirten», mault meine Mutter. Ihre Hände greifen nach dem Programmheft, falten daran herum.

Heiliger Strohsack, die herumstehenden Hirten machten sie ganz kribbelig. «Wie die gucken! So gleichgültig, so muffelig. Wie eine Stunde ohne Smartphone», was übrigens wohl auch der Grund für ihre Grabeslaune sei, wispert meine Mutter, so laut, wie man maximal wispern kann. «Als ginge es um nichts. Als ginge es da nicht gerade um die Niederkunft des Heilands, unser aller Erlösers, der wichtigsten Lichtgestalt der letzten zweitausend, ach was, zweihunderttausend Jahre!»

«Dachte, du bist nicht religiös», sage ich.

Natürlich sei sie nicht religiös, erklärt meine Mutter, so intelligent und aufgeklärt, wie sie sei. Aber jeder liebe nun mal das Jesulein, das kriege man nie mehr heraus.

Sehr aufrecht sitzt sie da und schüttelt den silbergrauen Kopf. «Rücken gerade machen, Vokale klar artikulieren, das lernen die jungen Leute ja nicht mehr.»

«Ja, ja, früher war alles besser», sage ich.

«Früher war überhaupt nichts besser», sagt meine Mutter. «Nicht die Politik, nicht das Fernsehprogramm und nicht die Frisuren, Gott, waren die schlimm. Aber die Krippenspiele, die schon. Teufel auch, waren die großartig früher», sinniert Mutter. «Mit schweren Vorhängen aus Samt. Mit Echtkerzen, einer 360-Grad-Drehbühne wie am Wiener Burgtheater, wenn ich das jetzt nicht irgendwie verwechsele, und blutvollen, textsicheren Darstellern, mit Flügeln aus Pappmaché und Vaseline-Glanz um die Augen. So aufwühlend war das, dass es sämtliche Zuschauer von den Bänken riss und das ganze Kirchenschiff im Tränenmeer der Rührung versank. Ergriffenheit total. War das schön!»

Meine Mutter faltet das Programmheft zum Flamenco-Fächer, wedelt sich Luft damit zu. «Allein schon dieses Programmheft», sagt sie, «so schludrig zusammengetackert. Da sah sogar deine Hochzeitszeitung professioneller aus. Und diese Maria», wütet Mutter weiter. «Wie sie dasteht, so trostlos wie eine abgebrannte Opferkerze. Als ob sie keine Lust hat.»

«Hallo?», sage ich. «Maria ist müde, sie hat gerade ein Kind geboren, ohne Ärzteteam und PDA, natürlich hat sie keinen Bock auf gar nichts. Vielleicht plagt sie Übelkeit oder eine postnatale Depression. Das ist doch sehr authentisch. Das wolltest du doch so.»

«Ja, und der Josef», ist Mutter wieder mal einen Schritt weiter. Klar, der Josef sei nicht gerade die dankbarste Rolle, vielmehr der größte Trottel der gesamten Bibelgeschichte, zum Passivsein verdammt. Ein besserer Statist, ein nützlicher Idiot, ein Depp vor dem Herrn. Auf den Part hätte sie auch keine Lust. Dieser Rolle könne niemand anständig Leben einhauchen, nicht einmal Christoph Waltz. Aber den Rücken durchdrücken und die Hände aus den Taschen des schlammbraunen Bademantels nehmen könne man ja schon.

«Ja, wenn sich Maria und Josef so durch die Nacht nuscheln», sagt meine Mutter, «ist es kein Wunder, dass niemand sie beherbergen mag.»

«Ach, jetzt sind die Geflüchteten wieder selber schuld?», fauche ich. «Jetzt wird mal wieder an die ach so notwendige Eigenverantwortung appelliert, die Schuld bei den Opfern gesucht?»

Dann erinnern wir uns an unseren gemeinsamen, jahrzehntealten Heiligabend-Schwur: keine Politik!

Wir reichen uns unter der Kirchenbank die Hände und schweigen. Aber nicht sehr lange.

«Der Josef», fällt mir da wieder ein, «ist übrigens der Sohn der Pastorin. Der ist nur eingesprungen. Der eigentliche Josef hat gestern bei der Generalprobe juckenden Ausschlag bekommen. Der Arzt hat eine Strohallergie diagnostiziert», präsentiere ich mein Insiderwissen. «Ja, das Stroh in der Krippe ist auch original. Genau wie du es magst.»

«Eine Strohallergie», kichert meine Mutter, so laut, dass sich die Kirchgänger in den Bankreihen vor uns jetzt doch mal umdrehen, «fantastisch!» Das könne man im Krippenspiel doch als Running Gag verwenden. Da könne man doch was draus stricken. Man müsse doch nicht immer jede Pointe links liegen lassen.

Das Kichern meiner Mutter ebbt nicht ab.

«Sag mal, hast du vorhin auf dem Marktplatz zu viel Glühwein getankt?», erkundige ich mich.

Natürlich habe sie zu viel Glühwein getankt, sagt meine Mutter, anders sei dieser Gottesdienst ja nicht zu ertragen. Wie übrigens auch die Pastorin, mutmaßt meine Mutter, so stieselig, wie die wieder dreinschaue und das «Vaterunser» herunterlalle.

«Ah, die Kollekte!», freut sich Mutter über den unerwarteten neuen Programmpunkt, greift mit der linken Hand nach dem Klingelbeutel und zieht mit der rechten aus ihrer Handtasche einen Zwanzigeuroschein: «Da gebe ich gern, wenn's für was Sinnvolles ist, für Brot für die Welt oder fürs Sprechtraining der Krippenspieler.»

«Pssst», ermahne ich sie wieder, «jetzt kommen die Heiligen Drei Könige.»

«Die drei Schlaffis da mit den Autodecken?», fragt Mutter ein Tickchen zu laut.

Drei lustlose Gestalten schlurfen durch den Mittelgang.

«Avanti! Gebt Gummi!», empfiehlt meine Mutter und formt die Hände zum Trichter: «König Herodes ist euch auf den Fersen, nur zu!»

Irgendwann, nach einer Ewigkeit, es könnten aber auch fünf Minuten sein, erfolgt das letzte Lied. Das eine Weihnachtslied. Das Lied der Lieder. Alle singen «Stille Nacht, heilige Nacht», und am lautesten singt meine Mutter.

Die Krippenspieler*innen verlassen die Kirche durch den Mittelgang. Da, meine Tochter! Mutter und ich winken ihr zu.

«Ha, jetzt hast du doch eine Träne verdrückt», sage ich.

«Aber nur eine», sagt Mutter, «vor Freude. Weil's gleich zu Ende ist.»

Dann ist das Spektakel vorbei.

«Halleluja», ruft Mutter und rückt ihren Mantelkragen zurecht: «Komm, wir quetschen uns schnell raus, ehe es im Mittelgang Stau gibt.»

«Nee, nee, lass uns warten», sage ich. «Lass lieber die alten Leute zuerst.»

«Du bist auch alt», sagt meine Mutter, «so wie du in dieser blassen Strickjacke aussiehst.»

Einander untergehakt, arbeiten wir uns durch die rappelvolle Kirche und treten hinaus in die überhaupt nicht schneebedeckte, kein bisschen sternklare, eher lauwarme, ziemlich matschige, wolkenverhangene, stark vernieselte Nacht.

Mein Buch

«Ich hab ein Buuch geschrihben das iss soo schbannend dass mann middem lehsn eimfach nich aufhöhrn kann.»

Roald Dahl, «Sophiechen und der Riese»

Ich schreibe ein Buch, das wird so gut, dass man mit dem Lesen einfach nicht mehr aufhören kann. Wenn man die erste Zeile gelesen hat, ist man so fasziniert, dass man bis zur letzten Seite weiterlesen muss.

Vielleser lesen mein Buch, und Gelegenheitsleser lesen mein Buch. Nichtleser lesen mein Buch und Eigentlich-nur-Comic-Leser auch. Und Literaturkritiker, auch wenn die eigentlich nie etwas zu Ende lesen, immer nur alles «anlesen».

Und mein Bäcker.

«Acht Brötchen, bitte», sage ich zu meinem Bäcker.

«Geht nicht», sagt der Bäcker mit dem Rücken zu mir, «ich lese gerade Ihr Buch.»

Ich radle mal wieder bei Rot über die Ampel, aber das macht nichts, der Verkehrspolizist liest gerade mein Buch.

In den Schulen lesen die Kinder nicht mehr «Werther» oder «Tschick», sondern alle nur mein Buch. Kindergartenkinder klettern über Zäune und brüllen. Die Erzieherinnen merken es nicht, sie lesen gerade mein Buch. Und die Gender-Sternchen, alle gemeinsam, gemütlich auf dem Dachboden, weshalb sie in diesem Text leider nicht dabei sein können.

An den Straßen wird der Müll nicht mehr entsorgt – wen wundert's, alle Müllentsorger lesen mein Buch.

Der Typ im Tattoostudio versticht sich andauernd: Hey,

sorry, aber er lese da gerade ein so wahnsinnig gutes, hochkarätiges, inspirierendes, unnachahmliches, mitreißendes ....

Meine Oma vertagt ihren Tod um drei Jahre, denn sie liest gerade mein Buch. Meine Mutter liest mein Buch. Meine Geschwister lesen mein Buch. Und mein Vater. Ich besuche ihn in seiner Therapeutenpraxis.

«Hallo, Papa!»

«Oh, hallo, Mäuschen», ruft mein Vater. «Ich kann gerade nicht. Ich lese gerade. Dein Buch!»

«Das gibt's doch gar nicht, Papa», sage ich, «du liest? Mein Buch? Du hast doch seit fünfzig Jahren nichts Richtiges mehr gelesen, außer deine langweiligen Fachbücher.»

Alle Katzen und Kaninchen, Rassehunde und Streuner lesen mein Buch, auch die adoptierten aus der Ukraine. Die Tauben lesen mein Buch, die Fledermäuse und Eulen, nachts, mit Stirnlampe. Nur die Ratten in den Kanalrohren nicht, da passt mein Buch nicht hindurch. Dann lesen sie es eben flach auf dem Kindle.

Denis Scheck liest mein Buch, und Heinz Strunk liest mein Buch, obwohl der normalerweise nie etwas von Frauen liest.

Robert Habeck liest mein Buch, das freut mich besonders. Joe Biden liest mein Buch. «I don't understand this funny German», ruft er alle paar Minuten aus, «but I love it, love it, love it!»

Alle Mitarbeiter der deutschen Rüstungs-Lobby lesen mein Buch, auf dem gemeinsamen Rückflug im Airbus A380 aus dem Jemen. Problematisch: Der Pilot liest gerade mein Buch. Auch problematisch: Der Co-Pilot liest gerade mein Buch. Noch problematischer: Der Autopilot liest auch gerade mein Buch. Das kann nichts werden. Das wird nichts.

Krawumm!

Die Straßen lesen mein Buch. Die Autos lesen mein Buch.

Die künstlichen Intelligenzen lesen mein Buch, vor allem die smarten Kühlschränke, die überhaupt sehr gerne lesen, vor allem Gedichte und alles von James Joyce. Mein neuer Staubsauger-Roboter steht still, er liest gerade mein Buch.

«Ja, keiner denkt das», lamentiert mein Staubsauger-Roboter, «alle halten uns für bildungsfern und eher motorisch begabt. Und jetzt Schnauze, ich lese Ihr Buch!»

Beim Sex kriegt mein Mann nichts mehr auf die Reihe.

Aber gut, er liest ja auch gerade mein Buch.

Immer.

Wieder.

«Jetzt leg es doch mal eine Sekunde weg», sage ich zu meinem Mann. «Ich racker mir hier einen ab. Mach du doch auch mal was!»

«Ich kann nicht», sagt mein Mann gequält. «Ich kann nicht, kann nicht, kann nicht! Es ist so gut! So einzigartig! So fesselnd!»

Was soll's, ich kann das schon verstehen. Es ist ja auch wirklich sehr gut. Also nicht das hier. Obwohl das auch schon gut geworden ist. Das nächste. Das ultimative. Das Meisterstück.

Alle Buchhändlerinnen lesen mein Buch. Und alle Bücher in den Buchläden, die auch alle nur mein Buch lesen wollen, immer nur meins, ungelogen. Tumult, Gerangel, Riesenchaos.

«Hey, lass mich mal!», zetert die Thomas-Mann-Gesamtausgabe. «Ich will aber auch!», bettelt der neue Fitzek. Alle Jelinek-Bücher lesen mein Buch. Und alle Lesebrillen, die sich von ihren Besitzern emanzipieren und autonome Lesezirkel in den Volkshochschulen gründen.

Wenn ich Geburtstag habe, kommt leider niemand gratulieren, denn alle lesen mein Buch.

«Jetzt reicht es aber», sage ich, «wann ist es denn endlich ausgelesen?»

«Noch zwei Seiten», sagt meine Freundin Kirsten. «Noch eine Seite», sagt Kirsten.

«Jetzt?», frage ich, «jetzt?»

«Jetzt hab ich wieder von vorne angefangen.»

Alle S-Bahn-Insassen um mich herum lesen mein Buch. Und der S-Bahn-Fahrer. «Bitte legen Sie das Buch weg», sage ich. «Das gefährdet unser aller Leben!», rufe ich und hämmere gegen die Fahrertür. Null Reaktion.

ICEs rasen ineinander, denn alle Weichenwärter lesen mein Buch. Fahrgäste sterben, aber merken es nicht – zum Glück, sie lesen bis zur letzten Sekunde mein Buch.

Die Wolken lesen mein Buch. Der Indische Ozean liest mein Buch. Und die Autobahn-Blitzer. Lufträume werden nicht mehr überwacht, denn alle Radargeräte lesen mein Buch. Oh nein, die Radargeräte nicht auch noch! Und sämtliche Drohnen, Flugabwehrraketen und Weltraum-Satelliten, die nur noch Bilder von meinen Buchseiten senden.

Kriege, Ungerechtigkeiten und Massenkarambolagen nehmen zu. Wie kann Gott das zulassen?, frage ich mich. Aber Gott kann es zulassen, er liest ja gerade. Die «Gasgrillbibel» von Manuel Weyer und parallel mein Buch.

Alle paar Minuten prustet er los, denn es ist ein sehr lustiges Buch. Oder ein sehr trauriges, mal gucken. Soll ja beides gut ankommen. Eigentlich habe ich noch gar nicht angefangen. Der Erwartungsdruck ist jetzt schon immens und könnte mich erdrücken. Vielleicht sollte ich das Buch doch nicht schreiben, wenn das so unabsehbare Folgen hat. Vielleicht sollte ich die besten Passagen einfach gleich weglassen, zu unser aller Sicherheit. Schade, aber man darf im Leben nicht nur an sich und das eigene Fortkommen denken, auch nicht als Künstlerin.

Margarete Stokowski

Die letzten Tage des Patriarchats

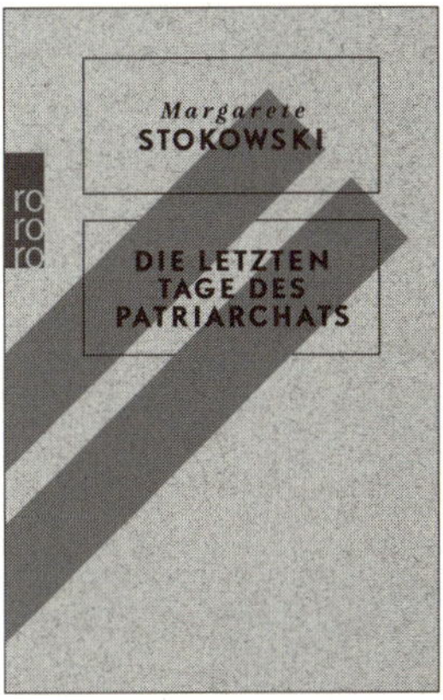

320 Seiten

Seit 2011 veröffentlicht Margarete Stokowski, eine der wichtigsten Stimmen des gegenwärtigen Feminismus, Essays, Kolumnen und Debattenbeiträge. Die besten und wichtigsten Texte versammelt dieses Buch, leicht überarbeitet und kommentiert. Die Autorin analysiert Machtverhältnisse, Sexismen und die mediale Kommentierung von Frauenkörpern, sie schreibt über Feminismus, die #metoo-Debatte und Rechtspopulismus. Ihre Texte machen Mut, helfen, wütend zu bleiben, Haltung zu zeigen und doch den Humor nicht zu verlieren, und sie zeigen, dass es noch einiges zu tun gibt auf dem Weg zu einer gleichberechtigten Gesellschaft.